Martin-M. Langner

Brahms und seine schleswig-holsteinischen Dichter

Westholsteinische Verlagsanstalt
Boyens & Co.

Herausgegeben
von der
Brahmsgesellschaft Schleswig-Holstein e. V.
Lüttenheid 34, 2240 Heide

ISBN 3-8042-0495-3

Umschlaggestaltung Günter Pump

Herstellung Westholsteinische Verlagsdruckerei Boyens & Co.
Printed in Germany

Inhalt

Johannes Brahms
und seine schleswig-holsteinischen Dichter 7

Von Hamburg nach Wien 10

Brahms' Lied- und Chorschaffen 28

Gedichte von Storm und Liliencron bei Brahms 41

Das Verhältnis von Musik und Text:
Begegnung mit Friedrich Hebbel 53

„Das Schöne muß gemacht werden":
Die Freundschaft mit Klaus Groth 70

„Ich nenne Sie natürlich immer unsern Landsmann":
Brahms und das Schleswig-Holsteinische Musikfest 100

Anmerkungen. 112

Literaturverzeichnis 116

Anhang 117
   Über die Geschichte des Brahms-Hauses in Heide
   Lieder, die wir in der Türe sangen –
   Von Heinz Josef Herbort 119
   Lüttenheid 34, heutiges Heider Brahms-Haus
   Eine kleine Baugeschichte zu Grundstück und Haus –
   Von Klaus Peter Jebens-Friccius 129

Johannes Brahms

Johannes Brahms und seine schleswig-holsteinischen Dichter

Mit über 200 Sololiedern, zahlreichen Chören und mehrstimmigen Liedern ist die Vokalmusik der umfangreichste musikalische Bereich im Schaffen von Johannes Brahms. Nach Friedrich Daumer ist es vor allem Klaus Groth, dessen Texte Brahms zu Liedern und Chören inspirierten. Die herzliche Freundschaft zwischen dem Komponisten in Wien und dem Dichter in Kiel ist getragen durch die gegenseitige Anerkennung als Künstler und Achtung als Menschen. Damit ist diese Freundschaft auch anregend für ihre künstlerische Arbeit. Sollte es unter diesem Blickwinkel nicht weitere Zusammenhänge geben? Diesen Spuren will der vorliegende Band nachspüren. Dabei zeigt sich, daß Brahms auch in Berührung gekommen ist mit Friedrich Hebbel, den er noch im Winter 1862/63 kennenlernt. Aber auch Gedichte von Theodor Storm, Detlev von Liliencron und Johann Heinrich Voß regen Brahms zu einer Reihe von Liedern an.

Aber nicht nur die Dichter sind es, die Brahms' Verhältnis zu Schleswig-Holstein bestimmen. Schon am Anfang seiner Laufbahn als Pianist konzertierte Brahms mehrfach in Kiel. Stärkere Bedeutung hat Schleswig-Holstein aber noch für den Komponisten Brahms, für den sich Freunde nachdrücklich einsetzen.

1875 wurde das Erste Schleswig-Holsteinische Musikfest in Kiel durchgeführt.

Groth war als Mitglied des Lokalkomitees an der Planung und Durchführung des Musikfestes beteiligt. Natürlich versucht er auch seinen Wiener Freund für dieses Musikfest zu gewinnen. Wenn auch Brahms nicht selbst nach Kiel kam, um an dem Schleswig-Holsteinischen Musikfest teilzunehmen, so stellt die begeisterte Aufnahme seiner II. Symphonie im Rahmen des Vierten Schleswig-Holsteinischen Musikfestes 1889 einen wichtigen Beitrag für das Verständnis der Musik von Brahms im Norddeutschen dar.

In dieser Weise entstand zwischen Brahms und Schleswig-Holstein ein Kontakt, der die gefühlsmäßige Bindung von Brahms nach Norddeutschland – auch und gerade durch den Geburtsort seines Vaters, Heide – auf das schöpferische Gebiet ausdehnte. Hierin lag der Reiz, Begegnungen von Brahms mit den Dichtern Schleswig-Holsteins nachzugehen, die diese Verbindung begründeten.

Johannes Brahms – in Hamburg geboren – hat Zeit seines Lebens eine große Affinität zu Schleswig-Holstein gehabt, war doch sein Vater Johann Jakob Brahms als Heider Jung und Dithmarscher Musiker erst in die südliche Hansestadt gekommen. Allerdings ist darüber wenig bekannt. Zumeist wird der Schaffensraum von Johannes Brahms in der Spanne zwischen Hamburg und Wien gesehen, durch die Freundschaft mit Robert und Clara Schumann auch im Zusammenhang mit Düsseldorf und Baden-Baden.

Doch bei näherem Hinsehen stellt man fest, daß Brahms vielfältige Kontakte zu Künstlern im Norden Deutschlands pflegte und wie sich diese Verbundenheit in seinem Werk, insbesondere in seinem Lied- und Chorschaffen niederschlägt. Diese Nähe mag sich neben der Herkunft noch aus zahlreichen Konzertreisen erklären, die Brahms mit vielen Künstlern aus Norddeutschland zusammenführte. Dieses Buch will eine Spurensicherung vornehmen, indem es die Verbindung zwischen Brahms und den Dichtern Schleswig-Holsteins, von denen er Texte vertont hat, im Gefolge seiner Biographie und seiner Werke erfaßt.

Gedichte von Johann Heinrich Voß, Friedrich Hebbel, Theodor Storm, Detlev von Liliencron und besonders von Klaus Groth haben Brahms zu einigen seiner schönsten Lied- und Chorkompositionen angeregt.

Den schon todkranken Friedrich Hebbel, geboren in dem Marschenflecken Wesselburen, lernte Brahms im Winter 1862/63 in Wien kennen. Erst später hat er Gedichte Hebbels vertont. Vor allen fühlte sich Brahms dem Dichter des „Quickborn",

Klaus Groth, und dessen Frau freundschaftlich verbunden. Kurz vor dem Tod seines Mentors und Freundes Robert Schumann 1856 waren sich Brahms und Groth zum ersten Mal begegnet. Zwischen dem Komponisten und dem vierzehn Jahre älteren Klaus Groth entwickelte sich eine herzliche Verbundenheit. Schon um 1859 finden sich erste Vertonungen plattdeutscher Gedichte Groths in den Werken von Brahms, wenn diese auch von ihm nicht veröffentlicht wurden. Erst 1872 entstanden Lieder nach hochdeutschen Gedichten von Groth. Besonders wichtig erscheint, auch zeigen zu können, wie sich Groth immer wieder dafür einsetzte, daß Brahms in Schleswig-Holstein seine Musik erklingen lassen sollte. Ein besonderes Augenmerk muß dabei auf die Schleswig-Holsteinischen Musikfeste von 1875 und 1889 gerichtet werden.

Von Hamburg nach Wien

Wien sollte 1862 für den knapp Dreißigjährigen eine Durchgangsstation werden, wurde ihm aber eine zweite Heimat. Während Brahms sich bis in die 70er Jahre hinein mit der Hoffnung trug, in seiner Vaterstadt Hamburg eine seinen Möglichkeiten angemessene Stellung einnehmen zu können, mußte er doch erkennen, daß es keine Chance gab, dort eine feste Position zu bekommen. Wenn ihm dies auch in Wien langfristig nicht gelang, so hatte er doch das Gefühl, daß – nach einigen Erfahrungen in festen Engagements – die Donaustadt ein geistiges Klima besaß, das ihm eine Fülle künstlerischer Anregungen bot. In Wien schienen die Fäden, die er im Laufe der Jahre auf seinen Konzertreisen, durch Begegnungen mit anderen Künstlern, geknüpft und auch die Erfahrungen, die er gesammelt hatte, zusammenzulaufen. Wien wurde ihm zum Hauptaufenthaltsort.

In den Wiener Jahren entstanden die Werke, die ihn berühmt machten, die vier Symphonien, die Solokonzerte, Lied- und Chorwerke und eine Fülle von Kammermusiken. Zwischen 1872 und 1886 komponierte Brahms mit wenigen Ausnahmen auch die Lieder nach Texten schleswig-holsteinischer Dichter.

Schon als 15jähriger trat Brahms solistisch auf. In seinem zweiten Konzert, im Frühjahr 1849, setzte er bereits eigene Variationen auf das Programm, selbst Zeitungen berichteten davon[1]. Trotzdem war nicht daran zu denken, vom Komponieren allein leben zu können. Neben seiner schöpferischen Arbeit mußte Brahms auch als Musiker und Solist tätig bleiben. Konzertreisen, bei denen er als Begleiter oder Solist auftrat, stellten über Jahre die wichtigste Einnahmequelle für den Komponisten dar.

Nach einer soliden Ausbildung als Pianist bei Otto F. W. Cossel und Eduard Marxsen in Hamburg brach der junge Künstler 1853 zu einer ersten Konzertreise mit dem ungarischen

Geiger Eduard Remenyi auf. Beide Künstler waren zwar von entgegengesetztem Naturell, denn Remenyi wird als leidenschaftlicher Hitzkopf beschrieben, während Brahms zurückhaltend, schüchtern und bis zur Schroffheit verschlossen wirkte. Doch ihre Konzertreise über Winsen, Lüneburg, Celle wurde von beachtlichem Erfolg begleitet. In Hannover hatten sie das Glück, den bedeutendsten Geiger des vorigen Jahrhunderts, Joseph Joachim, kennenzulernen. Joachim, 1831 geboren, erkannte in dem zwei Jahre jüngeren Brahms eine kongeniale Künstlerpersönlichkeit. Schnell entwickelte sich zwischen Joachim und Brahms eine verständnisvolle, wenn auch nicht immer ungetrübte Freundschaft.

Die nächste Station der Konzertreise war Weimar. Im Kreis um Franz Liszt, der auf der Altenburg in Weimar von einer Jüngerschar „angebetet" residierte, kam es zwischen Brahms und dem exzentrischen Geiger Remenyi zum Bruch. Liszt galt im Musikleben seiner Zeit als der führende Kopf der von Hector Berlioz ausgehenden „neudeutschen" Schule. Von jüngeren Kollegen erwartete Liszt unbedingte Anerkennung, zu der sich Brahms nicht durchringen konnte. Remenyi, auf Protektion durch Liszt erpicht, war bereit, die Werke Liszts für bedeutend zu erklären, während Brahms sein kritisches Urteil kaum verschweigen konnte. Wahrscheinlich fürchtete Remenyi, seine Karriere könnte durch die Partnerschaft mit dem kritischen Brahms gefährdet werden und entschied sich, nicht länger mit ihm gemeinsam zu konzertieren.

Auf Einladung von Joachim fuhr Brahms nach Göttingen, wo beide Künstler einige Wochen zusammen arbeiteten, bis ein Konzert veranstaltet werden konnte, das Brahms ermöglichte, seine Reisetätigkeit wieder aufzunehmen.

Nach diesen Erlebnissen erfüllte sich Brahms den Wunsch, an den Rhein zu reisen. In Bonn traf er den dortigen Musikdirektor Wasielewski, in Mehlem die Patrizierfamilie Deichmann, in deren gastfreiem Haus Brahms die Dirigenten Franz Wüllner, Ferdinand Hiller und Carl Reinecke kennenlernte.

Diese neuen Freunde rieten dem jungen Pianisten und Komponisten, sich Robert Schumann vorzustellen. Ein erster Ver-

such, mit Schumann in Kontakt zu kommen, war fehlgeschla-
gen. So ging Brahms zunächst nur widerwillig auf diesen Vor-
schlag ein. Nach eingehendem Studium der Kompositionen
Schumanns im Hause der Familie Deichmann entschloß sich
Brahms, – künstlerisch angeregt – doch zu Schumann zu fahren.
Schon mit dem ersten Besuch im Hause Schumanns am 30.
September 1853 beginnt eine lebenslange Freundschaft zwischen Robert und Clara Schumann und Johannes Brahms. Das
Ehepaar Schumann war hingerissen und begeistert vom Klavierspiel und den Kompositionen von Brahms. Dieser Begeisterung
verlieh Schumann in seinem ausführlichen Aufsatz „Neue Bah-
nen" in der „Neuen Zeitung für Musik" im Herbst Ausdruck.

„Oft, trotz angestrengter produktiver Thätigkeit, fühlte ich
mich angeregt; manche neue, bedeutende Talente erschienen,
eine neue Kraft der Musik schien sich anzukündigen, wie dies
viele der hochaufstrebenden Künstler der jüngsten Zeit bezeu-
gen, wenn auch deren Produktionen mehr einem engeren Kreise
bekannt sind. Ich dachte, die Bahnen dieser Auserwählten mit
der größten Teilnahme verfolgend, es würde und müsse nach
solchem Vorgang einmal plötzlich einer erscheinen, der den
höchsten Ausdruck der Zeit in idealer Weise auszusprechen
berufen wäre. Einer, der uns die Meisterschaft nicht in stufen-
weiser Entfaltung brächte, sondern, wie Minerva gleich vollkommen gepanzert, aus dem Haupte des Kronion spränge. Und
er ist gekommen, ein junges Blut, an dessen Wiege Grazien und
Helden Wache hielten. Er heißt Johannes Brahms, kam von
Hamburg, dort in dunkler Stille schaffend, aber von einem
trefflichen und begeistert zutragenden Lehrer gebildet in den
schwierigsten Satzungen der Kunst, mir kurz vorher von einem
verehrten bekannten Musiker empfohlen. Er trug, auch im
Äußeren, alle Anzeichen an sich, die uns ankündigen: ‚Das ist
ein Berufener'. Am Klavier sitzend, fing er an wunderbare Regio-
nen zu enthüllen. Wir wurden in immer zauberischere Kreise
hineingezogen. Dazu kam ein ganz geniales Spiel, das aus dem
Klavier ein Orchester von wehklagenden und lautjubelnden
Stimmen machte. Es waren Sonaten, mehr verschleierte Symphonien, – Lieder, deren Poesie man, ohne die Worte zu kennen,

verstehen würde, obwohl eine tiefe Gesangsmelodie sich durch alle hindurchzieht, – einzelne Klavierstücke, teilweise dämonischer Natur von der anmutigsten Form, – dann Sonaten für Violine und Klavier, – Quartette für Saiteninstrumente, – und jedes so abweichend vom andern, daß sie jedes verschiedenen Quellen zu entströmen schienen. Und dann schien es, als vereinigte er, als Strom dahinbrausend, alle wie zu einem Wasserfall, über die hinunterstürzenden Wogen den friedlichen Regenbogen tragend und am Ufer von Schmetterlingen umspielt und von Nachtigallenstimmen begleitet.

Wenn er seinen Zauberstab dahin senken wird, wo ihm die Mächte der Massen, im Chor und Orchester, ihre Kräfte leihen, so stehen uns noch wunderbarere Blicke in die Geheimnisse der Geisterwelt bevor."[2]

Diese Worte Schumanns besaßen prophetische Kraft. Erst mit dem „Deutschen Requiem" (1866 beendet) und der I. Symphonie (1876 beendet) ging Brahms auf das von Schumann angedeutete Gebiet der großen orchestralen und vokalen Formen über.

Daneben gelang es Schumann, einen Verlag für die Kompositionen von Brahms zu interessieren. Der traditionsreiche Musikverlag Breitkopf und Härtel in Leipzig war bereit, Werke von Brahms zu verlegen.

Diese ruhmvolle Anerkennung durch den bedeutendsten Vertreter der zeitgenössischen Musik, aber auch eine gewisse Skepsis, die der Artikel von Schumann überall ausgelöst hatte, eilten Brahms bei seiner Reise nach Leipzig voraus. Aber sowohl in Hannover, wo Brahms Joachim wiedertraf, als auch in Leipzig, bestätigte das Vorspiel seiner Werke das Urteil von Schumann. Brahms empfand durch die Anteilnahme und das Lob des verehrten Meisters eine fast erdrückende Verantwortung auferlegt, der er nur mit größter Selbstkritik entsprechen und begegnen wollte, um, wie er an Schumann schrieb, mit aller Kraft danach zu streben, „Ihnen [Schumann] so wenig Schande als möglich zu machen"[3]. Das außergewöhnliche, künstlerische Niveau und seine unbeugsame Selbstkritik blieben von da ab der Maßstab, den Brahms an seine Werke legte. Er hielt eine Reihe von Kompositionen, die Schumann noch lobend in seinem Artikel hervorgehoben hatte – wie z. B. die frühen Violinsonaten –, als nicht gültig zurück und vernichtete später eine große Anzahl von Werken. Diese schonungslose Haltung gegenüber seinen Kompositionen ist einer der bezeichnendsten Charakterzüge von Brahms.

Das bedeutungsvolle Jahr 1853, in dem aus dem unbekannten, komponierenden Pianisten ein anerkannter Komponist geworden war, ging zu Ende. Brahms feierte das Weihnachtsfest bei seinen Eltern in Hamburg. Durch seine finanzielle Unterstützung hatte sich die Lebenssituation der Eltern und Geschwister deutlich verbessert. Die Hamburger Freunde und Verwandten feierten den Erfolg mit. Gleich nach Weihnachten brach Brahms wieder nach Hannover auf, um bei Joachim an dem Klaviertrio op. 8 zu arbeiten. Da erreichte im Februar den Freundeskreis die furchtbare Nachricht: Robert Schumann, schon früher wiederholt und nun seit Wochen von nervösen Störungen gepeinigt, hatte versucht, sich selbst das Leben zu nehmen. Zwar war der Komponist gerettet worden, aber sein Geisteszustand machte eine Unterbringung in der Heilanstalt Endenich bei Bonn notwendig. Tief bestürzt fuhr Brahms von Hannover nach Düsseldorf, um der Frau des Freundes beizustehen, die sich mit ihren sechs Kindern, das siebte war unterwegs, in äußerst bedrängter materieller Not befand. Brahms verbrachte die kommenden zweieinhalb Jahre, von wenigen Unterbrechungen durch Konzertverpflichtungen abgesehen, bei der Familie bis zum Tode des Freundes, am 29. Juli 1856. Nur wenige Kompositionen entstanden in diesen Monaten. Die seelische Belastung durch die Krankheit des Freundes, die von Schumann noch angeregte Neuorientierung in der Musik,[4] die zunehmende Zahl von Konzertreisen und vielleicht die Zuneigung zu Clara Schumann führten Brahms in eine schöpferische Krise. Erst die Loslösung aus dem Hause Schumann gab Brahms die innere, künstlerische Freiheit zurück.

Die Tragik dieser Zeit erscheint noch in einem anderen Licht, wenn man in den Erinnerungen von Eugenie Schumann, der jüngsten Tochter Schumanns, eine Schilderung über diese Zeit liest:

„Wie auf einem Bilde sehe ich im Flur eines Hauses in Düsseldorf eine Schar Kinder stehen; die blicken staunend hinauf nach dem Treppengeländer. Dort macht ein junger Mann mit langem blonden Haar die halsbrecherischsten Turnübungen, schwingt sich von rechts nach links, hinauf, hinab; schließlich stemmt er beide Arme fest auf, streckt die Beine hoch in die Luft und springt mit einem Satze hinunter, mitten hinein in die bewundernde Kinderschar. Die Kinder waren wir, ich und meine etwas älteren Geschwister, der junge Mann Johannes Brahms."[5]

Betrachtet man das gesamte Schaffen von Brahms, so zeichnen sich vier deutlich voneinander getrennte Perioden ab. Die Jugendwerke sind ganz vom Einfluß seiner Lehrer geprägt. Besonders der romantisch anmutende Gefühlsausdruck kommt in diesen Werken zum Tragen.[6]

Sichtbar wird das an dem in späterer Zeit umgearbeiteten Streichquartett op. 60. Deutlich heben sich die mit heftiger Leidenschaftlichkeit gestalteten Passagen, die auf frühere Entwürfe zurückgehen, von den Teilen ab, die Brahms später hinzugefügt hat. Die Umarbeitung dieses Streichquartetts mildert vieles von der für die frühe Epoche kennzeichnenden Schroffheiten und herben Schönheiten.

Der Tod des verehrten Freundes und Meisters Schumann sowie das Aussetzen der kompositorischen Arbeit, worunter Brahms litt, bezeichnen den Abschluß dieser ersten Epoche. Überblickt man die Werke, die in diesen Jahren entstanden, so ist zu erkennen, daß besonders das Klavier für den Komponisten im Vordergrund steht. Das erscheint naheliegend, wenn man bedenkt, daß Brahms zunächst vor allem als Pianist auftrat.

Die nächste Station der Künstlerlaufbahn war der kleine, musisch interessierte Fürstenhof in Detmold, wo Brahms zwischen 1857 und 1859 in den Herbst- und Wintermonaten als Dirigent der Hofkapelle, als Solist und als Klavierlehrer der Prinzessin Friederike tätig war. Das Fürstenpaar sang in dem kleinen Chor mit, der zur Hofkapelle gehörte. Es muß allerdings wegen Fragen der Etikette verschiedentlich Unstimmigkeiten zwischen dem Fürsten und dem jungen Dirigenten gegeben haben. In den freien Monaten des Frühlings und Sommers reiste

Brahms nach Hamburg zu seiner Familie. Dort leitete er einen kleinen, durch Privatinitiative entstandenen Chor, oder er war in Göttingen bei seinem Freund Joachim. Auch dort existierte ein Chor, mit dem Brahms zeitweilig zusammenarbeitete. Kurze Zeit glaubte er, in der Göttinger Freundin Agathe von Siebold eine Lebensgefährtin gefunden zu haben, aber er entschied sich gegen eine Bindung mit der jungen, musikalisch gebildeten Frau.

Die Freiheiten der Detmolder Verpflichtungen, die mit der Unstetigkeit des reisenden Künstlers verbunden waren, ließen in Brahms den Wunsch entstehen, eine feste Stellung in Hamburg annehmen zu können.

Eine Aussicht auf eine derartige Position eröffnete sich im Sommer 1862, als die Dirigentenstelle der Philharmonischen Gesellschaft in Hamburg neu besetzt werden mußte. Friedrich Wilhelm Grund wollte aus Altersgründen von seinem Posten zurücktreten. Obwohl Brahms durch seine Kompositionen und seine Dirigententätigkeit in Hamburg kein Unbekannter mehr war, suchte er noch einmal durch internationale Konzerttätigkeit sein Ansehen zu verbessern. Darum ging er im Spätsommer 1862 in die Musikmetropole Wien. Schon bald hatte er Gelegenheit, durch erfolgreiche Konzerte auf seine Kompositionen aufmerksam zu machen – was auch in Hamburg bekannt gewesen sein wird –, trotzdem gewann diese Anerkennung keinen Einfluß auf die Entscheidung der Philharmonischen Gesellschaft.

Man übergab die Stelle Julius Stockhausen, mit dem Brahms seit 1856 befreundet war. In dieser Entscheidung sah Brahms ein bewußtes Übergehen. Zutiefst verletzt, nahm er im Herbst 1863 die Leitung der 1858 gegründeten Singakademie in Wien an. Die zurückliegenden Jahre seit der Ausbildung durch Eduard Marxsen waren für Brahms eine unruhige und aufreibende Zeit gewesen. Jede Tätigkeit war mit Blick auf die Gegebenheiten in Hamburg übernommen worden. Daß sich Brahms gerade deshalb bei der Besetzung der Dirigentenstelle der Philharmonischen Gesellschaft übergangen fühlte, war ihm ein „viel trauriges Ereignis", so daß er annahm, selbst nächste Freunde hätten die Tragweite der damit verbundenen Enttäuschung nicht ermessen können. An Clara Schumann schrieb Brahms:

„Wie selten findet sich für unsereinen eine bleibende Stätte, wie gerne hätte ich sie in der Vaterstadt gefunden. Jetzt, hier [in Wien], wo mich so viel Schönes erfreut, empfinde ich doch, und würde es immer empfinden, daß ich fremd bin und keine Ruhe habe. Du hast die Sache gewiß schon erfahren und auch vielleicht an mich dabei gedacht, aber es ist Dir wohl nicht erschienen, als ob mir ein so großes Weh geschähe, doch braucht' nur eines Fingerzeiges, daß Du siehst, wieviel mir entflieht. Konnte ich hier [in Hamburg] nicht hoffen, wo soll ich's? Wo mag und kann ich's! Du hast an Deinem Mann erlebt und weißt es überhaupt, daß sie uns am liebsten ganz loslassen und allein in der leeren Weite herumfliegen lassen. Und doch möchte man gebunden sein und erwerben, was das Leben zum Leben macht und ängstigt sich vor der Einsamkeit. Tätigkeit im regen Verein mit andern und im lebendigen Verkehr, Familienglück, wer ist so wenig Mensch, daß er die Sehnsucht danach nicht empfindet? . . ."[7]

Klaus Groth hat in den „Erinnerungen an Brahms", die er 1897 in der Zeitschrift „Die Gegenwart" veröffentlichte, von der Sehnsucht Brahms' gesprochen, eine bürgerliche Existenz gründen zu könnnen:

„Wie gern Brahms sich eine bürgerliche Existenz gegründet hätte, davon wußte ich, obgleich er es wohl kaum in Worten ausgesprochen, durch indirekte Äußerungen hinreichend Bescheid. Wo er im behaglichen Familienkreise, bei Konzertreisen oder zu Besuchen einige Zeit weilen konnte, merkte man es seinem ganzen Wesen an, wie gern er weilte und wie ungern er wieder in seine Einsamkeit hinausging. So beim Musikdirektor Reinthaler in Bremen, dessen Frau er verehrte, so bei mir im Hause, auch meine Frau liebte er, und mit meinen Kindern spielte er, als wären es seine eigenen oder verwandte."[8]

Wenn auch Brahms gegenüber Groth einmal geäußert hatte, er habe nicht geheiratet, um ganz für seine Musik dazusein, so äußerte er sich deutlicher gegenüber seinem Begleiter Widmann, der in seinen Erinnerungen festhält:

„Da [in dem gemeinsamen Ferienort Thun bei einem Morgenspaziergang] sagte Brahms: ‚Ich hab's versäumt. Als ich wohl

Lust dazu gehabt hätte, konnte ich es einer Frau nicht so bieten, wie es recht gewesen wäre . . . In der Zeit, in der ich am liebsten geheiratet hätte, wurden meine Sachen in den Konzertsälen ausgepfiffen oder wenigstens mit eisiger Kälte aufgenommen. Das konnte ich nun sehr gut ertragen, denn ich wußte genau, was sie wert waren und wie sich das Blatt schon noch wenden würde. Und wenn ich nach solchen Mißerfolgen in meine einsame Kammer trat, war mir nicht schlimm zumute. Im Gegenteil! Aber wenn ich in solchen Momenten vor die Frau hätte hintreten, ihre fragenden Augen ängstlich auf die meinen gerichtet sehen und ihr hätte sagen müssen: Es war wieder nichts – das hätte ich nicht ertragen!'"[9]

Brahms blieb ungebunden. Trotz der Vorbehalte, die er gegenüber Clara Schumann mit Blick auf Wien geäußert hatte, wurde Wien zur künstlerischen Wahlheimat, wohin es ihn in den Frühjahrs- und Herbstmonaten zog.

Zunächst ging Brahms im Herbst 1863 mit dem ihm eigenen Enthusiasmus an die neugestellte Aufgabe, den Chor der Singakademie in Wien zu leiten. Die hohen künstlerischen Anforderungen an den Chor und an sein Publikum fanden zunächst ungeteilte Zustimmung, wenn auch zunehmend Kritik am Programm des jungen Dirigenten hörbar wurde. Brahms führte den Chor bis an die Grenzen der Leistungsfähigkeit. Und obwohl der Chor und der Verein der Singakademie den jungen Dirigenten festzuhalten wünschten, gab Brahms seine Stelle nach einer Saison wieder auf. Wahrscheinlich belasteten ihn die Verwaltungsaufgaben und das Gefühl von Eingebundensein in vorgegebene Strukturen zu stark, so daß er nicht zu der inneren Ruhe gelangte, um komponieren zu können.

Mit dem Abschluß seiner ersten Dirigententätigkeit in Wien fällt auch das Ende der zweiten Kompositionsepoche zusammen. Die Werke dieser Zeit sind verhaltener im Ausdruck. Die Kontrapunktstudien, die Brahms auf Anregung von Schumann und gemeinsam mit Joachim getrieben hatte, führten ihn näher an barocke und klassische Vorbilder. Die Unstetigkeit der eigenen Lebenssituation, die Gefühlsirritationen der ersten Epoche, leben sich nun nicht mehr in überschwenglichen, zuweilen schroffen Gegensätzlichkeiten aus. Diese Werke haben eine einfühlsamere, weichere, auch versonnenere Tonsprache. Die dominierende Bedeutung des Klaviers tritt zurück. Es findet eine Hinwendung zum Streichinstrument statt. Neben zahlreichen Instrumental- und Vokalwerken entstanden in diesen Jahren die Chöre op. 12, 13, 22, 24 und, vor allem für das gestellte Thema wichtig, op. 44.

Geiringer weist darauf hin, daß Brahms in dieser Zeit „(was er später niemals tat) mehrfach Werke von einer Gestalt in die andere umgießt. Als Beispiel sei nur das f-moll-Klavierquintett [op. 34] genannt, das ursprünglich als Streichquintett, dann als Sonate für zwei Klaviere und erst zuletzt in der endgültigen Fassung geschrieben wird[10]".

Im Frühsommer 1864 reiste Brahms noch einmal für kurze Zeit nach Hamburg. Hier hatte sich das Verhältnis der Eltern, die Mutter war 17 Jahre älter als der Vater, getrübt. Obwohl es dem Sohn gelang, die ärgsten Zwistigkeiten zu beheben, kam die alte Vertrautheit nicht mehr auf. In diesem Sommer verbrachte Brahms einige Wochen in Baden-Baden bei Clara Schumann und ihren Kindern, ehe er nach Wien zurückreiste.

Wenige Monate später erreichte ihn die Nachricht, daß seine Mutter im Sterben läge. Sofort eilte er nach Hamburg, kam aber zu spät. Erschüttert durch ihren Tod griff er die Entwürfe für ein monumentales Chorwerk auf und schrieb es im Frühjahr 1865 und im Sommer 1866 zu Ende: „Ein deutsches Requiem". Dieses tiefernste, mächtige Chorwerk begründete nicht nur nachhaltig seine Anerkennung als Komponist, sondern leitet zugleich die dritte Epoche seines Schaffens ein.

Mit dem Tod der Mutter begannen sich die Bindungen an Hamburg zu lockern. Konzertreisen in die Schweiz, durch Österreich (mit Joachim), Dänemark (mit Stockhausen), Aufenthalte in Baden-Baden und Wien, bei seinem Verleger in Winterthur und später bei dem befreundeten Kupferstecher und Feuerbach-Biographen Julius Allgeyer in Karlsruhe, Konzerte in Mannheim, Oldenburg, Detmold, Hamburg, Berlin, Dresden füllten die nächsten Monate aus.

Am Karfreitag, 10. April 1868, fand die triumphale Auffüh-

Joh Brahms

20

rung des „Deutschen Requiems" im Dom zu Bremen unter Carl Reinthaler statt. Nicht nur eine große Zahl von Freunden war als Zuhörer gekommen, sondern einige wirkten auch im Orchester mit. Diese Aufführung markierte den Wendepunkt der allgemeinen Anerkennung für das Werk von Brahms. Allein im folgenden Jahr stand dieses bedeutende Chorwerk 20mal in verschiedenen Städten Deutschlands auf dem Programm, 1871 in London, in Petersburg 1872, in Paris 1875.

Nun drängten die Orchester und Freunde den Komponisten immer stärker, als Solist seiner eigenen Werke aufzutreten. Zunächst ging Brahms auf diese Bitten gerne ein. Dennoch wurde ihm die Unruhe dieser Jahre mehr und mehr zur Belastung. Zwar lagen 1869 gleich zwei Anfragen für eine feste Anstellung bei ihm vor, aber Brahms schlug beide aus.

Ferdinand Hiller versuchte, Brahms nach Köln zu holen und Joseph Joachim, zum Direktor der neugegründeten königlichen Hochschule für Musik in Berlin berufen, bemühte sich, Brahms als Lehrer zu verpflichten. Die Erfahrung mit der Singakademie in Wien jedoch ließ Brahms beide Anerbieten absagen. Vielmehr zog es den Komponisten wieder nach Wien. Er suchte dort nach einer festen Basis, von der aus er agieren konnte.

Jetzt trat ein, was Wien für Johannes Brahms zum bevorzugten Lebensraum machte. Durch Freunde und befreundete Künstler, wie den Pianisten Julius Epstein, der sich schon seit 1862 für Brahms eingesetzt hatte, hat der Komponist einen Schülerkreis gewonnen, der die Zeit zwischen den Konzertreisen überbrücken half. Zu seinen Schülerinnen gehörten u. a. Elisabeth von Stockhausen (sie heiratete später den Komponisten Heinrich von Herzogenberg und wurde eine der einflußreichsten Freundinnen von Brahms) und Amalie von Bruch-Vehoffer. Der Kritiker Eduard Hanslick, die angesehenste Persönlichkeit der Wiener Musikkritik, wurde zum Verfechter der Brahmsschen Kunst. Anregungen gingen auch von anderen Freunden, dem Komponisten Peter Cornelius, dem Pianisten Karl Tausig, dem Dirigenten Johann von Herbeck aus. Zu diesen kam noch der Chirurg Theodor Billroth, der viele Entwürfe von Brahms einsah, Hauskonzerte veranstaltete und den Komponisten beriet.

Im Januar 1872 starb der Vater von Brahms, den der Sohn noch wenige Tage vor seinem Tod besuchen konnte. Nun kehrte sich Brahms innerlich vollkommen von der Vaterstadt ab. Klaus Groth hörte durch einen gemeinsamen Freund von dem Geschehen und schrieb an Brahms:

„Herr Koester, mein Ohm, wie ich sage, hat mir geschrieben, daß Ihr Papa heimgegangen ist, der Spielkamerad meines Vaters. Ich hoffte, als ich von Ihrem Kommen hörte, daß eine freundliche Veranlassung Sie nach der alten Elbstadt im Norden geführt habe. Nun ist auch noch dies Band zerrissen, das Sie in etwas an uns fesselte, jetzt blicken wir nur noch in die Ferne auf Sie, der uns im Herzen so nahe ist!"[11]

Groth spürte genau, daß der Verlust des Vaters auf eine ganz besondere Weise noch einmal die Ablehnung in Hamburg von 1862 für Brahms in der Erinnerung wachrufen mußte. Er kannte natürlich die Verärgerung und Trauer, bei der Besetzung der Dirigentenstelle der Philharmonischen Gesellschaft und der Singakademie in Hamburg übergangen worden zu sein. Die Situation hatte sich in den zehn Jahren seit 1862 kaum geändert.

Im gleichen Jahr übernahm Brahms erneut eine Dirigentenstelle in Wien. Jetzt verpflichtete die „Gesellschaft für Musikfreunde" den Komponisten. Als Bedingungen hatte Brahms neben einem Honorar von 3000 Gulden vor allem volle Entscheidungsfreiheit für die Programmgestaltung und Auswahl der Solisten gefordert, die ihm zugestanden wurden. Bei der Nachricht dieses Engagements schrieb Doris Groth nach Wien:

„Müssen wir uns freuen für Sie, wenn Sie so fest sich machen in Wien? Für uns ist es betrübend; wie oft haben wir gehofft, Sie zu sehen; Klaus ist ganz sehnsüchtig, Sie wieder zu sehen (. . .)."[12] Die Hoffnungen des Ehepaares Groth, Brahms würde vielleicht doch noch einmal nach Hamburg zurückziehen, wurden nicht erfüllt. Bezeichnend faßte Klaus Groth im Herbst 1872 in einem Zeitungsartikel den Lebensgang von Brahms zusammen:

„Ich nannte ihn im Eingange [des Artikels] einen halben Landsmann von uns. Geboren ist er [Brahms] nämlich in Hamburg, aber seine Familie ist eine alte Ditmarsche. Der Vater von

Brahms war ein Schul- und Spielkamerad von meinem Vater, wie mehrere seiner Vettern von mir, die zum Theil noch in Heide ansässig sind. Ich selbst habe auch noch Brahms Großvater persönlich gekannt, der nicht fern von meinem Vaterhause wohnte und noch nach alter Sitte in einem s.g. Nachbarreime – der alle Eigennamen einer Straße oder Ecke (Eggen) bei uns den Lüttenheid, der Reihe nach mit irgend einem gereimten Zusatz umfaßte – mit meinem Großvater zusammen genannt wird[13].

Als zuerst durch Robert Schumann der Ruf des jungen Componisten laut wurde, nahm auch meine kleine Geburtsstadt freudig daran Theil . . .

So lange Johannes Brahms wenigstens einen Theil des Jahres in Hamburg wohnte, gelang es uns einige Mal, ihn für ein Concert nach Kiel zu locken. Bei der Gelegenheit hörten wir im letzten Concert ihn aus seinem Sextett [op. 18] das Andante mit Variationen, für Klavier übertragen, spielen. In diesem Frühling starb sein Vater und wehmüthig schrieb er mir, ihn bände nun kein Band mehr an seine Vaterstadt. Wien hat ihn, wie einst Hebbel, wie es scheint für immer dem ‚kühlen Norden‘ entzogen."[14]

Für seine Dirigententätigkeit bei der „Gesellschaft der Musikfreunde" in Wien fand Brahms in den kommenden drei Jahren große Anerkennung. Dennoch war in ihm die Sehnsucht nach innerer Freiheit, um komponieren zu können, immer mächtiger geworden. Die Nachricht, Brahms träte mit Ablauf der Saison 1874/75 von seinem Amt in Wien zurück, veranlaßte Klaus Groth, an den Freund zu schreiben:

„Wenn's wahr ist, wünsche ich bloß, daß nicht gerade viel Verdruß und Ärger für Sie mitgespielt hat. Im übrigen kann man Dinge der Art aus der Ferne nicht beurteilen, nicht etwa mit Rat, Klage und dergl. kommen. Sie werden schon wissen, was Sie tun; ich wünsche Ihnen bloß, daß Sie möglichst freie Zeit, möglichst freien Kopf haben das zu tun, was Ihr eigentliches Amt auf Erden ist: schöne Musik zu schreiben."[15]

Damit hatte Groth als Künstler sicherlich den geheimen Wunsch von Brahms nachvollzogen. Nun konnte Brahms von Wien aus seiner freien, künstlerischen Arbeit nachgehen.

„. . . Er machte es sich im allgemeinen zum Grundsatz, während des Winters etwa drei Monate für Konzerte zu verwenden. Den Herbst und vor allem das Frühjahr verbringt er gerne in Wien, denn – wie er einmal an Billroth schreibt – ‚ein paar Abende im Prater (Brahms' Lieblingspark) gehören zum Frühling'. Am Beginne des Sommers aber begibt sich der Meister aufs Land, um die während des Jahres in Angriff genommenen Werke auf ungestörten langen Wanderungen ausreifen zu lassen . . .''[16], so beschreibt der Brahms-Forscher Karl Geiringer die Lebensform der Wiener Jahre.

Brahms stand in diesen Jahren auf dem Gipfel der allgemeinen Anerkennung. 1878 wurde die Aufführung der II. Symphonie (entstanden 1877 in Pörtschach) anläßlich des 50jährigen Stiftungsfestes der Philharmonischen Gesellschaft in Hamburg ein ebenso wegweisendes Musikereignis wie die Aufführung des „Deutschen Requiems'' zehn Jahre zuvor in Bremen. Dem gerade verwitweten Groth war die Aufführung der II. Symphonie „seit langen Jahren das größte musikalische Ereignis''[19].

Brahms wurde in seiner Vaterstadt als Komponist und Dirigent mit ungewöhnlicher Herzlichkeit gefeiert. „Die besten Freunde machen sich eine Ehre daraus, unter seiner Leitung im Orchester zu spielen. Als Konzertmeister wirkt kein geringerer als Joachim; unter den Geigern sind erste Künstler, wie Brahms' Detmolder Freund Bargheer, der angesehene Linksgeiger Richard Barth (ein Schüler Joachims, der übrigens später Bernuths Nachfolger in Hamburg wird) und J. Boie, der Gatte der Brahms aus der schönen Frauenchorzeit wohlbekannten Marie Völkers.''[17]

Ganz entsprechend umriß Kalbeck dieses musikalische Ereignis für Hamburg mit den Worten:

„Die Feier hatte als Stiftungsfest begonnen und endete als Brahmsfest.''[18]

Dennoch vergaß Brahms keinen Augenblick seinen Gram, in Hamburg künstlerisch übergangen worden zu sein. So berichtete Klaus Groth in seinen Erinnerungen an Brahms von einem Festessen:

„Im Laufe der Geselligkeit erhob sich der als tüchtiger Musiker bekannte, jetzt auch schon verstorbene, damals noch junge

Organist an der Petrikirche in Hamburg, Armbrust mit Namen. Er brachte Brahms' Gesundheit aus, vielleicht offiziell dazu auserwählt, was ich nicht weiß. Er sprach geschickt und gewandt. Er äußerte: ‚Unter den vielen Sprichwörtern, die Jahrhunderte lang im Volke umgehen, gibt es doch einzelne, die bei scheinbarer Wahrheit in sich unwahr sind oder doch nicht immer zutreffen. Dazu gehört das Sprichwort: Der Prophet gilt nichts in seinem Vaterlande. Wie unwahr das Sprichwort ist, sieht man heute, wo die Gesellschaft mit mir in Lob und Liebe für unsern verehrten Johannes Brahms, den großen Sohn Hamburgs, übereinstimmen wird . . .' Ich hörte nur halbwegs weiter; Brahms wandte seinen Kopf mir zu und flüsterte in tiefernstem Tone: ‚Das exemplifiziert man hier auf mich. Zweimal hat man die offene Direktorstelle der Philharmonischen Gesellschaft mit einem Fremden besetzt, mich übergangen; hätte man mich zu rechter Zeit gewählt, so wäre ich ein ordentlicher bürgerlicher Mensch geworden, hätte mich verheiraten können und gelebt wie andere. Jetzt bin ich ein Vagabonde.'"[20]

Hamburg stand als Ort für den schaffenden Künstler nicht im Gespräch. Brahms fühlte sich mehr und mehr an seine Wahlheimat Wien gebunden.

Ausgedehnte Konzertreisen, bei denen Brahms vor allem eigene Kompositionen spielte, führten ihn in den folgenden Jahren u. a. nach Holland, Ungarn, Siebenbürgen, er gab Konzerte in Krefeld, Schwerin, Königsberg und vielen anderen Orten. Der wachsende Ruhm brachte Brahms viele unermüdliche und ergebene Freunde im In- und Ausland. Mitte der 80er Jahre ließ die Reisetätigkeit des über Fünfzigjährigen merklich nach, wenngleich er sich noch gern am kunst- und musikbegeisterten Hof in Meiningen aufhielt, wo sich besonders der Dirigent Hans von Bülow um die Aufführung seiner Werke bemühte. Schon zuvor in Hannover, sogar in Glasgow hatte Bülow die I. Symphonie aufgeführt. Später setzte sich der berühmte Dirigent in Berlin für die Kompositionen des Freundes ein. Bülow ist es auch, der veranlaßte, daß Brahms im Sommer 1889 die Ehrenbürgerwürde der Stadt Hamburg verliehen wurde. Zur gleichen Zeit ehrte der Kaiser von Österreich den Komponisten mit dem Ritterkreuz des Leopold-Ordens, eine der höchsten Auszeichnungen, die der Kaiser zu vergeben hatte.

In diesen Jahren entstehen die Werke der Reifezeit, die ihm die größte Anerkennung brachten. Unter den Lied- und Chorkompositionen dieser Zeit finden sich nahezu alle Vokalwerke, die Brahms nach Texten schleswig-holsteinischer Dichter schuf. Nur der Chor op. 44,1, nach einem Text von Johann Heinrich Voß, war früher entstanden.

Sollte Doris Groth in ihrer Anmerkung zu den Liedern op. 63, 7–9 nach Texten von Groth, auch für die Lebenssituation von Brahms recht gehabt haben, wenn sie an den Komponisten 1874 schrieb:

„Mir sind diese drei Gedichte von Klaus besonders lieb, diese Sehnsucht nach einem ruhigen Glück ist in der Sehnsucht nach der Kindheit so schön ausgesprochen."[21]

Ist die Musikmetropole Wien für Brahms doch nicht der vollgültige Ersatz für die ferne, norddeutsche Heimat? Waren die Lieder nach Gedichten von Groth Ausdruck einer unstillbaren Sehnsucht nach dem, was mit dem Wort Heimat bezeichnet wird?

Als man dann 1893 den Versuch machte, Brahms doch nach Hamburg zu holen, ging der Sechzigjährige nicht mehr darauf ein. Der neue Vorstand der Philharmonischen Gesellschaft in Hamburg hoffte nach dem Ausscheiden von Bernuth als neuen Dirigenten der Philharmonischen Konzerte Johannes Brahms berufen zu können.[22] Selbst die Fürsprache von Klaus Groth, der sich in einem ausführlichen Brief an Brahms für das Anliegen der Gesellschaft einsetzte,[23] konnte den Komponisten nicht dazu bewegen, Wien zu verlassen. Statt seiner übernahm Richard Barth, den Brahms vorgeschlagen haben soll, den Posten in Hamburg.

In den letzten Jahren war es stiller um den Komponisten geworden. Eine Reihe seiner besten Freunde starben. Einige Male reiste Brahms noch in den Norden Deutschlands und nach Meiningen. Es entstanden nun Werke, die von einem abgeklärten Spätstil gekennzeichnet sind und von einer mächtigen, inneren Ruhe zeugen.

Ergriffen vom Tod der Freundin und Fördererin, einem seiner ihm nächsten Menschen, Clara Schumann, und vielleicht mit der leisen Vorahnung des eigenen nahen Todes komponierte Brahms die ergreifenden „Vier Ernsten Gesänge" op. 121. Strenge Vergeistigung und äußerste Verknappung der Mittel und überwältigend in der formalen Gestaltung sind wesentliche Züge dieser Spätphase. Im Sommer 1896 erkrankte Brahms angeblich an einer Gelbsucht. Befreundete Ärzte erkannten aber bald, daß es ein fortgeschrittener Leberkrebs war, was Brahms nicht wußte oder nicht wahrhaben wollte. An seinen Freund Klaus Groth schrieb er beschwichtigend:

„Mit meiner o. m. Gelbsucht geht es immer hüh u. hott. Ich rede nicht gern davon. Wer nicht gewohnt ist, an seinen Körper zu denken, dem ist so was unleidlich. Irgend Bedenkliches jedoch hat die Sache nicht, wie alle Aerzte nach gründlicher Untersuchung versichern."[24]

Schnell war die Kraft des vitalen und energiegeladenen Mannes erschöpft. Ein knappes Jahr nach dem Tode Clara Schumanns starb Johannes Brahms am 3. April 1897 in Wien.

Brahms' Lied- und Chorschaffen

Die Vokalmusik ist eine der wichtigsten Gattungen im Gesamtschaffen von Brahms. Er stand damit nicht nur in der Tradition des 19. Jahrhunderts, sondern diese Werkformen entsprachen zudem im besonderen Maße seinem künstlerischen Wesen. Das Kunstlied hatte durch den Liedkomponisten Franz Schubert und durch Robert Schumann eine wesentliche Stellung im kulturellen und musikalischen Leben seiner Zeit bekommen. Die Werke beider Komponisten hatte Brahms eingehend studiert.

Unabhängig davon stand der Aufschwung, den die Gesangskultur seit Beginn des vorigen Jahrhunderts genommen hatte, in Zusammenhang mit politischen und sozialen Veränderungen des Zeitalters der Restauration und der industriellen Revolution. Diese musikgeschichtlichen und soziologischen Momente erklären, warum die Vokalmusik auch bei Brahms eine große Bedeutung erhielt. Zudem sind es biographische Umstände, die Brahms zu Vokalwerken anregten. Bei Hauskonzerten und durch die eigene Dirigententätigkeit wurde der Komponist wiederholt von Frauen künstlerisch inspiriert. Erinnert sei u. a. an Luise Dustmann, Elisabeth von Stockhausen (verehel. Herzogenberg) und an Hermine Spieß.

Die Zusammenarbeit mit verschiedenen Chören eröffnete ihm entscheidende Einblicke in die Möglichkeiten des Chorgesanges und gaben dem Komponisten auf diese Weise Impulse für sein Schaffen. Gleichwohl stand er ganz auf der Grundlage musikalischer Tradition. Er orientierte sich stärker an Werken Schuberts und nahm weniger Anteil an der zeitgenössischen Entwicklung, einer Entwicklung, die sich in der Steigerung der Bedeutung der Begleitstimme gegenüber der ehemals führenden Singstimme zeigte und im Liedschaffen Hugo Wolffs und im besonderen Maße in den Musikdramen Wagners hervortritt und weitergeführt wurde. Wenn auch in den Liedern von Brahms die

Singstimme und ihre Begleitung häufig durch musikalische und formale Gestaltung eng miteinander verwoben waren, somit Sing- und Begleitstimme gleichberechtigt zu sein schienen, so bestand das Hauptinteresse von Brahms in der gesanglichen Ausdeutung des zugrundegelegten Textes.

Brahms wollte die Texte durch Musik den Hörern nahebringen und zugleich vertiefen. Deshalb suchte er die Intentionen der Textvorlagen in Stimmungen und zuweilen im Wechsel eines Zwiegespräches musikalisch einzufangen. Die Singstimme blieb in dieser Hinsicht immer dominierend. „Er bevorzugt die variierte Strophenform, die sich am flexibelsten dem jeweils erforderlichen Ausdruck anpaßt, etwa in der Art, daß zu der unveränderten Singstimme in jeder Strophe eine variierte Begleitung tritt oder auch daß die Melodie abgewandelt wird."[24a] Das Interesse, die Texte durch seine Kompositionen verständlicher zu machen, sie gewissermaßen für den Hörer zu interpretieren, weist auf die aufklärerische Tradition der Klassik zurück und deutet zugleich eine Entwicklung an, die erst im 20. Jahrhundert bestimmend wurde. Unter diesem Blickwinkel ist es wichtig, die Verbindung von Wort und Musik in den Liedern von Brahms zu betrachten.

Die musikalische Ausdeutung von Texten erwuchs einem inneren Widerhall. Dem entspricht die Darstellung Sannemüllers über die musikalische Gestaltung der Liedkomposition von Brahms:

„Im Solo-Liede dagegen ist ihm [Brahms] nicht unbedingt das Gedicht als Kunstform wichtig, sondern der auslösende Impuls für die Kompositionen ist eine ganz subjektive Empfindung, die durch einzelne Worte, Zeilen oder Strophen angeregt sein kann und sich von da her auf das Ganze auswirkt. . . . Einzelheiten wie Deklamation oder punktuelle Ton-Wort-Relationen werden von diesem Empfindungsstrom oft eingeschmolzen. Da Brahms im Gedicht oder dessen Teilen Bezüge zu seinem eigenen Ich sieht, sind seine Lieder persönlichste, vom Lyrischen her bestimmte Äußerungen, die ihre sichere formale Geschlossenheit nicht aus einer Beziehung auf Bauelemente des Textes, sondern vom rein Musikalischen erreichen."[24a] Nicht um eine

Nachschöpfung der im Text angelegten oder beschriebenen Situation noch um deren realistische Wiedergabe oder sogar dramatische Überhöhung ging es Brahms bei seinen Vertonungen: sondern um ein Nachsinnen dessen, was der Dichter mit dem Text darzustellen suchte. Hierzu bedurfte es nicht nur einer genauen Kenntnis von Dichtung, sondern auch Einsicht in literarische Fragen.

Brahms hat viele Freunde und Kollegen mit seiner umfassenden Literaturkenntnis fasziniert. Begeistert äußerte sich darüber der Schweizer Dichter Joseph Viktor Widmann, den Brahms während seines Ferienaufenthaltes in Rüschlikon bei Zürich 1874 kennengelernt hatte, gegenüber Gottfried Keller:

„Es ist unter anderem auch erfreulich zu sehen, wie ein in seinem Fache ganz vollendeter Meister für das innere Wesen künstlerischen Schaffens auf ganz anderen Gebieten und außerdem auch für andere Dinge des Lebens einen so tief eindringenden Blick besitzt. Dazu kommt bei Brahms, was ihn vor so vielen Musikern auszeichnet, die wirklich gründliche Bildung auch in literarischen Dingen."[25]

Die umfangreiche Kenntnis von dichterischen Werken fußt auf einer intensiven Beschäftigung mit Literatur und deren Gesetzmäßigkeiten. Daher leitet sich eine Hochachtung vor Dichtern ab, die Brahms vertont hat. Hierin ist vielleicht der Hauptgrund zu sehen, warum er nur in seltenen Fällen und dann nur aus praktisch-gesanglichen Überlegungen, geringfügige Änderungen an den Textvorlagen vornahm. Meist hielt er sich streng an den gegebenen Text, darin unterschied er sich von vielen anderen Komponisten. Text und Musik mußten sich vollkommen entsprechen. Bei Liedern, bei denen diese Übereinstimmung nach Meinung des Komponisten nicht erreicht wurde, blieb er selbstkritisch.

Gegenüber Klaus Groth machte Brahms in bezug auf sein Lied op. 63,8 „O, wüßt' ich doch den Weg zurück" einmal eine derart kritische Bemerkung:

„Meine Komposition des 2. schönen [Gedichtes] macht mich leider nicht satt! Ich muß mir vorbehalten, es gelegentlich noch einmal und besser in Musik zu setzen, einstweilen und bis dahin lassen Sie sich hieran genügen – ich möchte die drei [Lieder] zusammen lassen."[26]

Gegen dieses Urteil von Brahms erhob Klaus Groth in einem Brief vom 10. 12. 1874 Einspruch:

„Meine Frau findet Ihre drei Kompositionen zu meinen Texten sehr schön, besonders Nr. 2. Ich kann ihr darin beistimmen. ... Es pulsiert darin ein Herzblut so warm, daß ich innerlich weine. Ich frage mich, wie Sie 's ertragen, es strömen zu lassen, ich in der Poesie wage es nicht, es würde mich aufreiben."[27]

Völlig unbeeindruckt von diesem freundlichen Widerspruch des Dichters blieb Brahms bei seinem Urteil, denn er antwortete umgehend an Groth und schrieb dabei fast ein wenig schroff: „Ich habe Ihnen, glaube ich, schon gesagt, daß ich den tiefen Ausdruck im 2. Ihrer Gedichte durchaus nicht wiedergegeben habe. Sie haben jetzt Ihrerseits schöner und deutlicher darüber geredet – aber es gilt von mir."[28]

In diesem Gedankenaustausch werden die sichere Einschätzung von literarischen Vorlagen und die kritische Haltung von Brahms gegenüber den eigenen Kompositionen sichtbar.

Ergänzend zu diesen Bemerkungen über die Lieder von Brahms führt die Vertonung des „Minneliedes" nach einem Gedicht von Johann Heinrich Voß (op. 44,1) zum Chorschaffen von Brahms. Die Zusammenarbeit mit Chören in Detmold, Hamburg, Göttingen und später in Wien hatte dem Komponisten Anregungen für seine künstlerische Arbeit gegeben.

Es zeigt sich, daß Brahms zunächst entsprechend der Besetzungen der Chöre in Detmold und Hamburg nur unbegleitete Chöre schrieb, erst unter dem Eindruck des Göttinger Chores seines Freundes Julius Otto Grimm dazu überging, Chöre auch instrumental zu begleiten. Die Chorsammlung op. 44, nur von sparsam akzentuierendem Klavier begleitet, ist also charakteristisch für die erste Zeit, in der Brahms als Dirigent mit dem Hamburger Frauenchor im Sommer 1859 zusammenarbeitete. Die musikalischen und praktischen Erfahrungen dieses Hamburger Sommers wirkten noch bis in den Herbst nach, in dem Brahms den Chor op. 44,1 nach J. H. Voß komponierte. Über diesen Chor schreibt Siegfried Kross:

Johann Heinrich Voß

„Die nur dreizehn Takte dieses einfachen Strophenliedes sind ein treffliches Beispiel dafür, wie straff Brahms noch auf so engem Raum das musikalische Material organisiert. So bildet er das ganze Lied aus nur zwei Motiven (. . .).“[29]

Wichtig ist op. 44 auch deshalb, weil Brahms einmal seinem Freund Klaus Groth gestand, daß der Chor op. 44,9 „Am Wildbach die Weiden“ wohl zuerst zu dem plattdeutschen Gedicht „Da geit en Bek de Wisch . . .“ entstanden war, dem Brahms die Vortragsbezeichnung hinzufügte: „Nich to snell und fin un söt“. Damit ist dieser im Herbst 1859 entstandene Chor zugleich auch ein Zeichen der Verbundenheit von Brahms und Groth. Für die Veröffentlichung unterlegte Brahms die Musik allerdings mit dem Gedicht von Paul Heyse.[30]

Wie gesagt hatte Brahms einige Male versucht, plattdeutsche Gedichte zu vertonen. In seinen Werken finden sich keine autorisierten Fassungen plattdeutscher Lieder. Keinen dieser Versuche hat er veröffentlicht. Auf die Frage von Klaus Groth, warum er diese Kompositionen zurückhielt, antwortete er nach einem Bericht des Dichters: „Das geht nicht, ich kann es nicht, Plattdeutsch steht mir zu nahe, das ist noch etwas anderes für mich als Sprache. Ich habe es versucht, es geht nicht.“[31]

Groth glaubte auf dem Hintergrund dieser Antwort und durch den Hinweis auf op. 44,9 annehmen zu können, in diesen Chorliedern ursprüngliche Vertonungen von Gedichten aus seinem „Quickborn“ zu sehen.[32] Für die anderen Chöre existiert aber kein stichhaltiger Anhaltspunkt, der dafür spricht.

Nur noch einmal, in dem bedeutenden Liederjahr 1886, in dem die Lieder der Werkgruppen op. 96 und 97 und 105 bis 107 entstanden, war ein Gedicht von Klaus Groth Vorlage für ein Chorwerk. Es ist der Chor „Im Herbst“ op. 104,5. Dieser Chor ist im ersten der drei Thuner Sommer (1886–1888) entstanden und trägt den Ausdruck tiefer Melancholie. Im November 1886 merkte Groth in einem Brief an Brahms an:

„Emil Thomsen schrieb mir aus den Bergen, Du habest wieder von meinen Hundert Blättern komponiert, u. a. Im Herbst für Chor. Ich dachte dabei an Dein unvergleichliches Schicksalslied. Daß ich neugierig bin, kannst Du denken.“[33]

Dar geit en Bęk

Original-Komposition von Joh. Brahms
für Frauenterzett von Hermann Stange

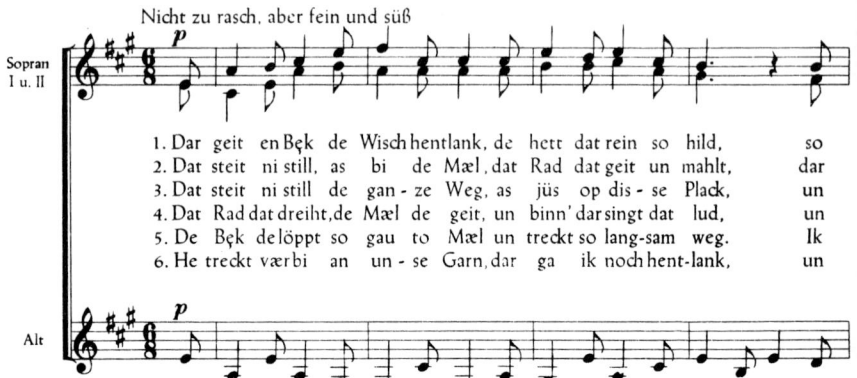

Sopran I u. II

Nicht zu rasch, aber fein und süß

1. Dar geit en Bęk de Wisch hentlank, de hett dat rein so hild,   so
2. Dat steit ni still, as bi de Mæl, dat Rad dat geit un mahlt,   dar
3. Dat steit ni still de gan - ze Weg, as jüs op dis - se Plack,   un
4. Dat Rad dat dreiht, de Mæl de geit, un binn' dar singt dat lud,   un
5. De Bęk de löppt so gau to Mæl un treckt so lang-sam weg.   Ik
6. He treckt vær bi an un - se Garn, dar ga ik noch hent-lank,   un

Alt

so geit min
dar steit mi
un kam ik
un kam ik
Ik löv, dat
un hör em,

geit min Hart de   gan - ze Dag,   un   steit ni   een - mal still.
steit mi dat op   een - mal still, as schull dat mit hen - dal.
kam ik æ - wert Steg to höch, so kloppt dat as   dat Rad.
kam ik rop, so kikt de Kopp ge - wis na't Fin - ster rut.
löv, dat geit em jüs as mi: dat is em gar - ni recht.
hör em, wa he sacht ver - tellt vun Klap-pern un Ge - sank.

Hart___ de___
dat___ op___
æ - wert___
rop,___ so___
geit___ em___
wa___ he___

Dar geit en Bęk
Original-Tonart

Johannes Brahms, op. 44, II, Nr. 9

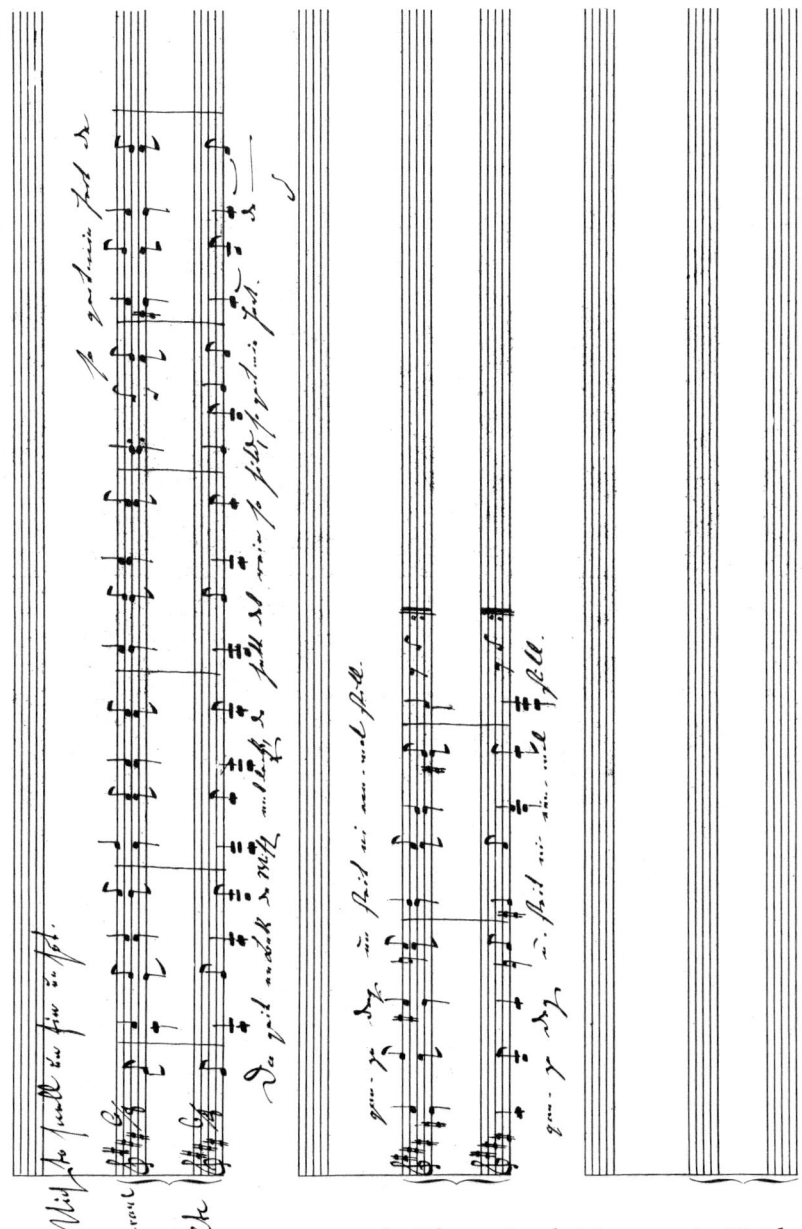

Autograph, Klaus-Groth-Museum in Heide

37

Und ein Vierteljahr später heißt es in einem weiteren Brief von Groth: „Ein Lied von Dir zu meinem Text ist mir immer ein Orden pour le mérite. Das letzte ist wieder wunderschön."[34]

Über die Bedeutung dieses Chorwerkes und seine Eigenschaft schreibt Kross 1958:

„Es geht ein Zug tiefer und mitunter sehr bitterer Resignation durch Brahms' gesamtes Spätwerk, sichtbar schon an der Textauswahl, von diesem letzten weltlichen Chorwerk über die drei Motetten op. 110 bis hin zu jenem letzten zu seinen Lebzeiten gedruckten Werk, den ‚Vier Ernsten Gesängen', ja noch über diese hinaus in der Auswahl der Choräle zu den erst nach seinem Tode veröffentlichten Orgelvorspielen. Ohne die Einmaligkeit und die künstlerische Sonderstellung der ‚Ernsten Gesänge' op. 121 antasten zu wollen, darf man vielleicht doch sagen: was sie für das ganze Brahms'sche Vokalwerk sind, das sind diese fünf Chöre op. 104 im Bereich des Chorliedes. So streng ihre musikalische Form ist, so sehr sind gerade diese Chöre Aussprache seines eigenen Ichs; damit erheben sie sich wesentlich über die Chorlieder aus op. 93a, die den Kreis der späten Chorlieder eröffnen. In dem Stück dieses op. 104 vertont er nicht mehr Lyrik, da spricht der Mensch Brahms:

‚Ernst ist der Herbst, und wenn die Blätter fallen, / Sinkt auch das Herz zu trübem Weh herab . . . / Sanft wird der Mensch. Er sieht die Sonne sinken, / Er ahnt des Lebens, wie des Jahres Schluß. / Feucht wird das Aug', doch in der Träne Blinken / Entströmt des Herzens seligster Erguß.'"[35]

Damit umspannen die beiden angesprochenen Chorwerke op. 44,1 und op. 104,5 den musikalischen Entwicklungsbogen von Brahms. Die lyrischen, romantischen, zuweilen gefühlsmäßig heftigen Äußerungen seiner frühen Lieder und Chöre geben einer ernsten melancholischen Sicht im Spätwerk Raum. Brahms' Leben war reich an enttäuschenden Erlebnissen, von denen er selten sprach. Ausdruck fanden sie aber in seinen Kompositionen, ohne deren Programm zu sein.

JOHANN HEINRICH VOß

Minnelied

Der Holdseligen
Sonder Wank
Sing ich fröhlichen
Minnegesang,
denn die Reine,
Die ich meine,
Winkt mir lieblichen Habedank.

Ach bin inniglich
Minnewund
gar zu minniglich
Küßt ihr Mund,
Lacht so grüßlich,
Lockt so küßlich,
Daß mirs bebt in des Herzens Grund.

Gleich der sonnigen
Veilchenau
Glänzt der wonnigen
Augen Blau,
Frisch und ründchen
Blüht ihr Mündchen
Gleich der knospenden Ros im Tau.

Ihrer Wängelein
Lichtes Rot
Hat kein Engelein,
So mir Gott!
Eia! säß ich
unablässig
Bei der Preislichen bis zum Tod!

Brahms, op. 44, 1

Dar geit en Bek de Wisch hentlank,
De hett dat rein so hild,
So geit min Hart de ganze Dag
Un steit ni eenmal still.

Dat steit ni still as bi de Mael,
Dat Rad, dat geit un mahlt.
Dar steit mi dat op eenmal still,
As schull dat mit hendal.

Dat steit ni still de ganze Weg
As jüs op disse Plack,
Un kam ik aewert Steg tohöch,
So kloppt dat as dat Rad.

Dat Rad, dat dreiht, de Mael, de geit,
Un binn', dar singt dat lud,
Un kam ik rop, so kikt de Kopp
Gewis na't Finster rut.

De Bek, de löppt so gau to Mael
Un treckt so langsam weg.
Ik glöv, dat geit em jüs as mi:
Dat is em gar ni rech.

He treckt vaerbi an unse Garn,
Dar ga ick noch hentlank
Un hör em, wa he sacht vertellt
Vun Klappern un Gesank.

Auf dem Autograph, das sich im Klaus-Groth-Museum, Heide, befindet, ist nur die erste Strophe abgeschrieben, gemeint sein dürfte aber, daß das ganze Lied nach der Melodie gesungen werden sollte.
Brahms unterlegte den Chor op. 44,9 mit diesem Text.

Gedichte von Storm
und Liliencron bei Brahms

Die Beobachtungen, die an den beiden Chören op. 44,1 und op. 104,5 abzulesen sind, bestätigen sich auch im Liedschaffen. Die Entwicklung, die Brahms durchschritten hatte vom romantisch-lyrischen Ausdruck zu melancholischem Ernst, verdeutlichen die Lieder der späten Reifezeit. Unter diesen Liedern befinden sich die Gesänge, die Brahms nach Texten von Theodor Storm (op. 86,4) und Detlev von Lilienchron (op. 105,4 und 107,4) komponierte. Begegnet sind sich die beiden Dichter und der Komponist, soweit bekannt ist, nicht.

Die Liedertexte von Liliencron entnahm Brahms dem 1883 erschienenen Gedichtband „Adjutantenritte und andere Gedichte", den der Dichter Brahms geschenkt hatte und der, wie Brahms an Liliencron schrieb, ihm „immer gleich werth geblieben ist". Obwohl Brahms zögerte, Gedichte von Liliencron zu vertonen, gehört besonders das Lied „Auf dem Kirchhofe" op. 105,4 heute in das gängige Repertoire der Liedersänger. Noch im Dezember 1886 merkte Brahms in einem Brief an Liliencron an: „Der Musiker speziell kann sich von Ihren Versen wohl nicht aneignen. Ich habe es allerdings gelegentlich versucht, aber es ist wohl nicht gelungen, u. nicht mittheilenswert."[35a] Entgegen dieser Einschätzung trug Gustav Walter das Lied „Maienkätzchen" bereits am 11. Februar 1887 in Wien zum ersten Mal in einem Konzert vor.

Die Noten der Liedersammlung op. 105 sandte Brahms 1888, wie er seinem Verleger Simrock andeutete, über Groth an Detlev von Liliencron.[36]

Liliencron reagierte geradezu euphorisch. An den Freund Wilhelm Friedrich schrieb er nach Leipzig: „Eben hatte ich eine *unermeßliche* Freude: Klaus Groth schickt mir, von *Johannes*

Brahms! schreibe: J-o-h-a-n-n-e-s B-r-a-h-m-s! von ihm!!! (durch den alten Klausvater) Opus 105, erschienen bei Simrock in Berlin: darin: ‚Auf dem Kirchhofe' von Detlev von Liliencron. *Das* ist mir die höchste *Auszeichnung* (. . .)."[36a]

Im Oktober 1891 mußte sich Liliencron dann schweren Herzens ein Konzert entgehen lassen, in dem der bekannte Sänger Eugen Grua die Lieder op. 105 sang, weil der Dichter das Fahrgeld für die Pferdebahn nicht besaß, um von Ottensen zum Konzertsaal fahren zu können.[37]

Von Theodor Storm ist bekannt, daß er einige Klavierwerke von Brahms kannte und schätzte, sie gemeinsam mit einer Nichte am Klavier mit Vergnügen spielte.[38] Die „Liebesliederwalzer" übte er mit seinem Chor im Herbst 1873, wie er in einem Brief an Hermione von Preuschen und Mina Hahn schrieb.[39]

Die Wertschätzung der Werke von Brahms, die sich hierin ausdrückt, legt nahe, anzunehmen, daß Storm ähnlich begeistert über die Vertonung seines Gedichtes „Über die Heide" von Brahms gewesen sein wird. Ein entsprechendes Zeugnis ist allem Anschein nach nicht überliefert.

In der Entwicklung des Vokalschaffens von Johannes Brahms ist es ein weiter Weg von Kompositionen wie z. B. op. 43, „Von ewiger Liebe" – ein Lied, das Doris Groth zu ihren Lieblingsliedern zählte[40] – zum „Über die Heide" op 86,4 und den beiden Liliencron-Liedern.

Aber nicht nur einzelne Lieder, sondern auch die Zusammenstellung von Texten in einzelnen Werkgruppen (Opuszahlen) geben Aufschluß über die Entwicklung des Liedschaffens von Brahms. Es kann nicht verwundern, daß Brahms ein besonderes Verhältnis zu seinen Texten besaß, nach dem seine genaue Kenntnis von Literatur und literarischen Fragen bekannt sind. Anzunehmen ist, daß auch die zu einer Werkgruppe zusammengefaßten Lieder inhaltlich korrespondieren, einem Kompositionsplan unterliegen. Eine solche Anordnung der Textvorlagen in einzelnen Werkgruppen zu suchen, legt bereits die genaue Abstimmung der Texte des „Deutschen Requiems" op. 45 und der „Vier Ernsten Gesänge" nahe.

Theodor Storm

Die sechs Lieder von op. 86 durchschreiten einen Gedankengang, der von naiv wirkender Ernsthaftigkeit einer ungestellten
Frage nach Liebe zum sehnsuchtsvollen Gedanken an die allum-
fassende, transzendente Liebe gelangt, die der Mensch erst nach
seinem Tod erfährt.

GOTTFRIED KELLER

Therese

Du milchjunger Knabe,
Was siehst Du mich an?
Was haben deine Augen
Für eine Frage getan?

Alle Ratsherrn der Stadt
Und alle Weisen der Welt
Bleiben stumm auf die Frage,
Die Deine Augen gestellt!

Ein leeres Schneckhäusel,
Schau, liegt dort im Gras;
Da halte Dein Ohr dran,
Drin brümmelt dir was!

Brahms: 86, 1

In op. 86,1 weiß „Therese" auch schon von der Unmöglich-
keit, die unausgesprochene Frage des „milchjungen Knaben" zu
beantworten, so geht ihr Wissen sogar noch einen Schritt weiter,
wenn sie dem „Knaben" den Rat gibt, sich ein Schneckenge-
häuse ans Ohr zu halten und zu lauschen. Was darin „brümmelt", ist in seiner Flüchtigkeit die Antwort auf seine Frage.
Aber nicht nur diese Antwort scheint dieser Flüchtigkeit zu
unterliegen, sondern auch das, wonach der Junge „mit seinen
Augen" zu fragen schien. Die Liebe oder die Frage nach ihr
können „alle Weisen der Welt" nicht beantworten.

HERMANN ALLMERS

Feldeinsamkeit

Ich ruhe still im hohen grünen Gras
Und sende lange meinen Blick nach oben,
Von Grillen rings umschwirrt ohn Unterlaß
Von Himmelsbläue wundersam umwoben.

Die schönen weißen Wolken ziehn dahin
Durchs tiefe Blau, wie schöne stille Träume;
Mir ists, als ob ich längst gestorben bin
und ziehe selig mit durch ewge Räume.

Brahms 86,2

Wie einem zweiten Thema in einer musikalischen Exposition
stellte Brahms dem Liede „Therese" die „Feldeinsamkeit" nach
Hermann Allmers gegenüber. Im Erlebnis der Natur keimen im
lyrischen Ich vage, doch beschwichtigende Gedanken eines
Todeszustandes auf. Liebe und Tod werden wie kontrastierende
Themen aufgestellt. Dem Prinzip des Sonatenhauptsatzes fol-
gend, schließt sich eine „Durchführung" an, die die beiden
Themen soweit umwandelt, bis sie in einer Art „Reprise", dem
Wiederaufgreifen der Themen unter veränderten Bedingungen,
einmünden können.

MAX KALBECK

Nachtwandler

Störe nicht den leisen Schlummer
Deß, den lind ein Traum umfangen!
Laß ihm seinen süßen Kummer,
Ihm sein schmerzliches Verlangen!

Sorgen und Gefahren drohen,
Aber keine wird ihn schrecken,
Kommst du nicht, den Schlafesfrohen
Durch ein hartes Wort zu wecken.

Still in seinem Traum versunken,
Geht er über Abgrundtiefen,
Wie vom Licht des Vollmonds trunken,
Weh' den Lippen, die ihn riefen!

Brahms 86,3

Ist dieser Konstruktionsplan anzunehmen, so könnte der „Nachtwandler" von Kalbeck bedeuten, daß Schlaf ein Vorzustand vom Tod ist, indem Kummer und unerfüllte Gedanken eingelöst werden. Nur die Außenwelt kann den friedvollen Zustand des Schlafenden „durch ein hartes Wort" stören. Solange niemand den Schlafenden ruft, „geht er über Abgrundtiefen" – ob als „Nachtwandler" real oder nur in seiner seelischen Innenwelt, ist für die Betrachtung unerheblich. Dem Dichter ist wichtig, die Innenwelt des Ruhenden im Schlaf vor schroffen Eindrücken der Außenwelt zu bewahren.

THEODOR STORM

Über die Heide

Über die Heide hallet mein Schritt;
Dumpf aus der Erde wandert es mit.

Herbst ist gekommen, Frühling ist weit –
Gab es denn einmal selige Zeit?

Brauende Nebel geistern umher;
Schwarz ist das Kraut und der Himmel so leer.

Wär ich hier nur nicht gegangen im Mai!
Leben und Liebe – wie flog es vorbei.

Brahms 86, 4

Wie ein Nebenthema der „Durchführung" klingen die Gedanken des Gedichtes „Über die Heide" von Theodor Storm an. Doch die Textfolge zeigt, daß dieses „Nebenthema" eine entscheidende Funktion bekommt. Der Weg durch die Heide wird zur Rückbesinnung auf eine andere, glücklichere Zeit. In dem Gedicht trauert das lyrische Ich nicht so sehr darum, daß ein früheres Glück zerbrach, sondern daß die Erinnerung an eine andere Zeit möglich ist. Den Gedanken der Flüchtigkeit der Liebe aufnehmend („Therese"), mündet das Lied in die Klage über das Verrinnen von Lebenszeit ein. Liebe und Leben, Zeit und Tod bilden den Bogen, den Brahms in dieser Werkgruppe spannt.

46

Hatte das Gedicht „Feldeinsamkeit" das Naturerlebnis als ein harmonisches und verbindliches Element gezeichnet, in dem der Mensch den Gedanken an den Tod als seliges Verbundensein erlebt, so deutet das Storm-Gedicht „Über die Heide" an, daß der Mensch der Natur unverbunden gegenübertritt und diese ihm als verschlossene Erlebniswelt bedrohlich erscheint. Ein ähnliches Naturverständnis klingt auch in dem Gedicht „Versunken" von Felix Schumann an.

FELIX SCHUMANN

Versunken

Es brausen der Liebe Wogen
Und schäumen mir um mein Herz;
Zwei tiefe Augen zogen
mich mächtig niederwärts.

Mich lockte der Nixengemurmel,
die wunderliebliche Mär,
als ob die Erde dunkel
und leuchtend die Tiefe wär.

Als würde die seligste Ferne
dort unten reizende Nähe,
als könnt ich des Himmelssterne
dort greifen in grauer See.

Nun brausen und schäumen die Wogen
und hüllen mich allwärts ein,
es schimmert in Regenbogen
die Welt von Ferne herein.

Brahms: op. 86,5

Einflüsterungen erlegen, „Zwei tiefe Augen niederwärts", das lyrische Ich in eine Scheinwelt irdischer Liebe gezogen, die mit Naturelementen gestaltet ist: Dieser Traum erfüllt sich nicht, die Tiefe (der See und des Empfindens) „erhellt" sich nicht, auch die „seligste Ferne" wird nicht zur „reizenden Nähe" und die Sterne lassen sich nicht „in grauer See greifen". Die Meereswogen umschlingen das gefangene lyrische Ich bedrohlich und nur aus der Ferne scheint die Welt wie Regenbogen zu ihm hinab.

Die Liebe, verkörpert durch „zwei tiefe Augen", bannen das Ich und gaukeln ihm Erfüllung vor. Aber sie hält nicht Wort, denn ihre Versprechungen (alle im Konjunktiv vorgestellt) werden nicht eingelöst. Fast erscheint die Aussage des Gedichtes „Versunken" als nähere Erläuterung zu dem vorhergehenden Storm-Gedicht.

In „Über die Heide" wird der Verlust an Liebe als verrinnende Lebenszeit dargestellt. Die unerfüllbaren, trügerischen Verlockungen der irdischen Liebe zeigt das Schumann-Gedicht. Dieser Erkenntnis tritt das „Todessehnen" von Schenkendorf entgegen.

MAX SCHENKENDORF

Todessehnen

Ach, wer nimmt von meiner Seele
Die geheime, schwere Last,
Die, je mehr ich sie verhehle,
Immer mächtiger mich faßt?

Möchtest du nur endlich brechen,
Mein gequältes, banges Herz!
Findest hier mit deinen Schwächen,
Deiner Liebe, nichts als Schmerz.

Dort nur wirst du ganz genesen,
Wo der Sehnsucht nichts mehr fehlt,
Wo das schwesterliche Wesen
Deinem Wesen sich vermählt.

Hör es, Vater in der Höhe,
Aus der Ferne fleht dein Kind:
Gib, daß er mich bald umwehe,
Deines Todes Lebenswind.

Daß er zu dem Stern mich hebe,
Wo man keine Trennung kennt,
Wo die Geistersprache Leben
Mit der Liebe Namen nennt.

Brahms: op. 86,6

Es thematisiert die Abkehr von der irdischen Liebe zu einer metaphysischen Verheißung. So fand Brahms in dem Gedicht von Schenkendorf eine Vorlage, die die Themen von Leben, Tod, Liebe und Zeit zusammenführt. Damit könnte das Lied op. 86,6 wie eine „Reprise" die Themen der Exposition, aber auch das „Nebenthema" der „Durchführung" zusammenfassen, da die anfänglich kontrastierende Wirkung der Themen durch die „Durchführung" „gemildert" ist.

Die Liebe tritt nicht mehr als unbenennbares Phänomen auf, wie im einleitenden Gedicht „Therese", und der Tod ist nicht mehr nur Ziel des Lebens, sondern wird als Überwindung der Hindernisse gesehen auf dem Weg zu einem „Stern", „wo die Geistersprache Leben / Mit der Liebe Namen nennt". Der Schmerz, der im Gedicht „Über die Heide" von Storm über das Verrinnen von Lebenszeit hörbar ist, söhnt sich durch Verheißung und Sehnsucht nach Überwindung der irdischen „Schrekken und Gefahren" aus.

Von verschiedener Seite wurde gegen die Textauswahl bei den Liedern von Brahms gesagt, er habe nicht auf die Qualität der Textvorlagen geachtet. Es ging Brahms aber nicht, wie sich in diesem Beispiel zeigt, darum, einzelne, schöne Lieder zu schreiben, sondern, seinem symphonischen Denken und Erleben gemäß, wie Schumann schon betonte, bildete Brahms mit den Textfolgen der Werkgruppen umfassende, gedankliche Vorstellungen und Strukturen.

Entsprechendes ließe sich auch für die anderen Werkgruppen nachzeichnen. Verschiedentlich ist das auch versucht worden. Kalbeck hat in seiner umfangreichen Biographie für mehrere Opuszahlen Programme skizziert, wobei die Gefahr besteht, sie zu sehr von der biographischen Situation anzuleiten und damit zu verzerren. Die Entstehung einzelner Lieder könnte gegebenenfalls aus spezifischen Situationen des Lebens von Brahms erklärt werden. Jedoch fällt häufig die Entstehung nicht mit der Drucklegung zusammen. Bei manchen Werkgruppen liegen mehrere Jahre zwischen der Entstehung der Lieder, die in einer Werkgruppe zusammengefaßt wurden. So enthält eine Werkgruppe zuweilen Lieder aus verschiedenen Jahren, und sie beziehen sich auf verschiedene biographische Situationen. Daher erscheint eine biographische Begründung der Textzusammenstellung der Werkgruppen zumindest problematisch. Daß sich natürlich Stimmungen der Lebenssituation auch in der Textanordnung einer Werkgruppe brechen können, ist nicht von der Hand zu weisen. Nur lassen sich diese Momente nicht an bestimmten Ereignissen oder Erlebnissen festmachen. Werkgeschichtlich interessant ist es, auf zwei Aspekte hinzuweisen, die am Lied op. 105,4 „Auf dem Kirchhofe" nach Liliencron sichtbar werden.

In dem Liliencron-Gedicht, dessen Stimmung aus der Melancholie eines Friedhofes schöpft, arbeitete Brahms in die beiden letzten Verse einen Choral ein, um nach der düsteren Beschreibung der Gräber auch hier eine Hoffnung auf Überwindung des Todes anklingen zu lassen. Die Singstimme lehnt sich bei den Worten „Wie sturmestot die Särge schlummerten, / Auf allen Gräbern taute still: Genesen", an den Choral „O Haupt voll Blut und Wunden" an.

Entgegen der anfänglichen Melancholie verwies Brahms mit diesem Zitat auf die christliche Verheißung. Damit muß allen, die im Spätwerk von Brahms tiefen Pessimismus zu entdecken glauben, widersprochen werden. Ein Komponist, der einer pessimistischen Weltsicht folgen würde, würde wohl kaum wie Brahms in den „Vier Ernsten Gesängen" Textstellen aus dem Buch Prediger Salomon, Sirach und den Korinther-Briefen vertonen. Brahms war durch seine Lebenserfahrung zum skeptischen und tiefernsten Menschen geworden nicht aber zum Pessimisten. Die Entwicklung spricht nicht für die Aufgabe seiner geistigen Überzeugungen, die er im „Deutschen Requiem" niedergelegt hatte. Das Aufgreifen der Choralmelodie in dem Lied „Auf dem Kirchhofe" ist als Zeichen für den unerschütterlichen Glauben von Brahms zu werten.

Die Bedeutung dieses Liedes wird auch darin erkennbar, daß Motive aus ihm im Finale der Sonate für Violine und Klavier op. 100 anklingen. Darüber hinaus sind Anspielungen an andere Lieder hörbar, so z.B. ein Zitat aus dem Groth-Lied op. 105,1 „Wie Melodien zieht es" als Seitenthema im ersten Satz dieser Sonate. Die Häufung von Zitaten führte Kalbeck dazu, diese Sonate als „Liedersonate" zu bezeichnen, und glaubte, in ihr

Detlev von Liliencron

eine Huldigung an die Sängerin Hermine Spieß herauslesen zu können, die Johannes Brahms ebenso wie Klaus Groth verehrte. Die Sonate ist aber von Brahms seinem unermüdlichen Freund Hans von Bülow gewidmet.

Die Zitate und das Aufgreifen von Motiven aus eigenen Werken müssen als Zeichen für die Gültigkeit dieser musikalischen Formung angesehen werden. Sie sind Beleg dafür, wie Brahms mit formalen und kompositorischen Mitteln die Gestaltung seiner Werke zu steigern suchte. Ein ähnliches Aufgreifen von Liedmotiven findet sich auch in der Sonate für Violine und Klavier op. 78, in der Brahms als wiederkehrendes Thema des letzten Satzes die Melodie des „Regenliedes" nach einem Text von Klaus Groth aufgriff. So zeigt sich, daß selbst die Kammermusik, wie hier die „Liedersonate" op. 100, durchdrungen ist von der Musik, die zu Gedichten schleswig-holsteinischer Dichter entstanden war.

DETLEV VON LILIENCRON

Auf dem Kirchhofe

Der Tag ging regenschwer und sturmbewegt,
Ich war an manch vergeßnem Grab gewesen,
Verwittert Stein und Kreuz, die Kränze alt,
Die Namen überwachsen, kaum zu lesen.

Der Tag ging sturmbewegt und regenschwer,
Auf allen Gräbern fror das Wort: Gewesen.
Wie sturmestot die Särge schlummerten,
Auf allen Gräbern taute still: Genesen.

Brahms: op. 105, 4

DETLEV VON LILIENCRON

Maienkätzchen

Maienkätzchen, erster Gruß,
Ich breche euch und stecke euch
An meinen alten Hut.

Maienkätzchen, erster Gruß,
Einst brach ich euch und steckte euch
Der Liebsten an den Hut.

Brahms, op. 107, 4

Das Verhältnis von Musik und Text:
Begegnung mit Friedrich Hebbel

Johannes Brahms war im Herbst 1862 nach Wien gekommen, um überregionale Anerkennung als Musiker und Komponist zu finden. Damit hoffte er – wie berichtet – bei der Besetzung der freiwerdenden Dirigentenstelle der Philharmonischen Gesellschaft in Hamburg berücksichtigt zu werden. Obwohl die Werke des jungen Komponisten in Wien nahezu unbekannt waren, hatte Brahms das Glück, in dem Pianisten Julius Epstein einen tatkräftigen Verehrer zu finden. Durch dessen Vermittlung gewann Brahms den Geiger Josef Hellmersberger für ein Konzert. Am 16. November 1862 gelangte mit Mitgliedern des Quartetts von Hellmersberger und Johannes Brahms am Klavier das Klavierquartett op. 25 zur Aufführung. Es wurde ein achtbarer, aber nicht überschwenglischer Erfolg. Hellmersberger soll dabei ausgerufen haben: „Das ist der Erbe Beethovens." Musikkritiker äußerten sich sehr lobend über die pianistischen Fähigkeiten von Brahms, unterließen jedoch hämische Bemerkungen über die vorgetragene Komposition nicht. Am 29. November hatte Brahms erneut die Möglichkeit, vor dem Wiener Publikum zu spielen. Diesmal trug er die Händel-Variationen op. 24 vor, spielte beim Klavierquartett op. 26 mit und ergänzte das Programm mit Werken von Bach und Schumann. Trotz der Kritik in der Presse empfand Brahms das Wiener Publikum als sehr animierend. Der Operndirigent Otto Dessoff und der Dirigent der „Gesellschaft der Musikfreunde", Johann von Herbeck, führten wenig später die Serenaden von Brahms auf.

In diese ersten Monate in Wien fiel die Begegnung mit dem Dramatiker Friedrich Hebbel, der dort mit seiner Frau Christine ein gastfreies Haus führte.

Brahms war mit Sicherheit schon zehn Jahre zuvor mit den

Werken Hebbels in Berührung gekommen. Spätestens im Hause von Clara und Robert Schumann lernte er die Dichtungen des in Schleswig-Holstein geborenen Dramatikers kennen. Robert Schumann hatte seinerseits Ende der 40er Jahre eine Reihe von Texten Friedrich Hebbels vertont. Besonders bedeutsam ist die Entstehung der Oper „Genoveva", nach Texten von Hebbel und Tieck, die Schumann im Frühjahr 1847 bis zum Sommer 1848 komponierte. Diese romantische Oper, deren Entstehung sich für Schumann schmerzhaft in die Länge gezogen hatte, leitete eine Zeit hoher künstlerischer Produktivität ein. Schon in Schumanns Liedersammlung op. 27 (erschienen 1840) ist das Gedicht Hebbels „Sag' an, o lieber Vogel mein" zu finden. Nach Abschluß der Oper folgten in kurzen Abständen die Vertonungen der Gedichte „Wiegenlied" in op. 78 (erschienen 1849), „Glück" in op. 79 (wahrscheinlich 1849 komponiert und im selben Jahr veröffentlicht) und die beiden wichtigen deklamatorischen Werke „Schön Hedwig" und „Die Ballade vom Haideknaben" op. 106 und op. 122,1. Während dieser Zeit hatten Robert Schumann und Friedrich Hebbel in einem regen künstlerischen Austausch gestanden. Dieser Kontakt erklärt, daß Brahms im Hause Schumanns in Düsseldorf mit den Dichtungen von Hebbel in intensive Berührung gekommen war.

Die Hochachtung, die Brahms den Werken von Hebbel entgegenbrachte, belegt auch eine Briefstelle von Clara Schumann, in der er nach der Lektüre von „Gyges und sein Ring" schrieb: „Ich freue mich immer über die schöne Sprache Hebbels."[41] Allein die Tatsache, daß dieser Satz ohne einführenden Hinweis in dem Brief von Clara Schumann auftaucht, bezeugt, daß die Werke Hebbels bei Schumanns eine wichtige Rolle gespielt haben müssen, denn es scheint keiner erklärenden Worte über den Autor bedurft zu haben. Anders ist es nicht zu erklären, daß der eher scheue junge Brahms während seines ersten Wiener Aufenthaltes den Kontakt zu Hebbel suchte.

Für einen anregenden Gedankenaustausch zwischen Hebbel und Brahms spricht die Haltung, die Hebbel zur Musik eingenommen hat. In dem Dichter fand Brahms einen aufmerksamen und musikinteressierten Zuhörer, wenn auch dessen Stellung

Friedrich Hebbel

zur Musik nicht eindeutig war. Einerseits glaubte Hebbel, keiner Musik länger als eine Viertelstunde zuhören zu können, weil die Seele, indem sie in ihrer Tiefe aufgewühlt würde, nur noch „gefoltert oder kalt gemacht" werden könnte.[42]

Andererseits heißt es in seinem Tagebuch an einer Stelle bezeichnend: „Ehe wir Menschen waren, hörten wir Musik."[43] Und in der Jugenderzählung „Die einsamen Kinder" umschrieb Hebbel die Musik mit den Worten: „Heilige Stimme der Natur, worin sie alles ausspricht, was zu flüchtig ist für die Gestaltung in einer ihrer tausendfachen Formen, Du führst den Geist in schwindelndem Fluge bis an seine Grenze, aber nur weil diese Grenze der Anfang der Gottheit ist."[44]

Wenn Brahms auch in dem Dramatiker einen Künstler traf, der in der Musik ein bedeutendes künstlerisches Medium sah, die Geheimnisse der menschlichen Natur anrühren zu können, werden grundsätzliche Gedanken über Musik nur den Hintergrund der Gespräche gebildet haben bei den Begegnungen zwischen dem jungen Komponisten aus Hamburg und dem Dramatiker aus Wesselburen.

Hebbel wird die Erwartungen, die Brahms an den Aufenthalt in Wien geknüpft hatte, gekannt haben. Er wird darüber hinaus auch miterlebt haben, wie diese Hoffnungen für Brahms zunichte wurden. Wenigstens spiegelt sich in dem berühmten Stammbuchblatt von Friedrich Hebbel für Brahms die Kenntnis dieser Lebenssituation des jungen Komponisten wider:

„Perlen hast Du gesät, auf einmal beginnt es zu hageln und man erblickt sie nicht mehr; hoff' auf die Sonne, sie kommt.

Zur freundlichen Erinnerung
an
Fr. Hebbel"

Wien, den 30. April 1863

Für die Enttäuschung, die ersehnte Anerkennung in der Heimatstadt Hamburg versagt zu bekommen, mußte Hebbel aufgrund eigener Lebenserfahrung viel Verständnis besessen haben. Er hatte sich nach Erniedrigungen in seinem Geburtsort das Ziel gesetzt, erst dann in seine Heimat zurückzukehren, wenn sein Werk über alle Anfechtungen und Zweifel hinweg Anerkennung gefunden hätte. Seine sich 1863 sprunghaft verschlimmernde Krankheit machte diesen Plan zunichte.

Darüber hinaus gab es eine Reihe biographischer Berührungspunkte, die in Gesprächen zwischen Brahms und Hebbel eine Rolle gespielt haben dürften. Der Vater des Komponisten, Johann Jakob Brahms, hatte eine enge Verbindung nach Wesselburen, dem Geburtsort Hebbels. In den Jahren 1824/25 hatte Johann Jakob Brahms beim Organisten der Bartholomäus-Kirche in Wesselburen, Theodor Müller, Musikunterricht erhalten. Von Müller besaß Vater Brahms einen Lehrbrief, der ihn nach zweijähriger Lehrzeit als Musiker freisprach.[45] Die die Urkunde bezeugenden Honoratioren des Ortes, Pastor Marxen, Arzt Schlömer und der Apotheker waren Hebbel gut bekannt. Das wird eine Grundlage für ausführliche Gespräche gewesen sein. Zumal nicht einmal ausgeschlossen werden kann, daß sich Johann Jakob Brahms und Friedrich Hebbel beim Organisten in der Kirche oder im Ort begegnet sein könnten.

Für Johannes Brahms und den 17 Jahre älteren Hebbel verbanden sich mit den beiden Geburtsorten darüber hinaus einschneidende soziale Erfahrungen und Erlebnisse. Der Vater von Hebbel hatte durch eine Bürgschaft das eigene Haus aufgeben müssen und die Eltern wurden öffentlich als „Hungerleider" eingekleidet.[46] Erst nach dem Tode des Vaters eröffnete sich für den jungen Hebbel durch Fürsprache seines Lehrers die Möglichkeit, als Laufbursche und Schreiber beim Kirchspielvogt Johann

Jakob Mohr unterzukommen. Obwohl er damit einen beachtlichen Posten in dem kleinen Marktflecken bekleidete, war er gehandikapt durch die soziale und finanzielle Situation der Eltern bzw. der Mutter und stieß immer wieder auf Abwehr bei anderen Ortseinwohnern. So notierte Hebbel für eine ausführliche biographische Arbeit, die nie abgeschlossen wurde, folgende Erinnerung:

„Die erste Proletarier-Empfindung im Kinde: Mad Schlömer zu mir u meinem Bruder, als wir der Garten-Hecke uns näherten: ‚Wollt Ihr fort, sonst laß ich Euch mit der Hundepeitsche jagen!'"[47]

Brahms muß Vergleichbares erlebt haben. Eugenie Schumann berichtete, daß der Komponist einmal gegenüber ihrer Mutter gesagt hatte:

„Er [Brahms] hat es einst selbst meiner Mutter gesagt, daß er noch in Knabenjahren stehend Eindrücke empfangen, Dinge gesehen habe, die einen düsteren Schatten auf seinem Gemüte hinterlassen hätten."[48]

Verschlossen, wie Brahms war, hat er diese Bemerkung allem Anschein nach nicht ausgeführt. Allein die Herkunft aus dem Hamburger Gängeviertel wurde ihm nicht nachgesehen. Der Brahms-Biograph Karl Geiringer geht soweit, anzunehmen, daß man Brahms deshalb bei der Besetzung der Stelle des Musikdirektors übergangen habe.

Verbunden mit der beengten Situation ihrer heimatlichen und finanziellen Lebenswelt ist eine extreme künstlerische Einsamkeit für beide Männer prägend gewesen. Hatte Brahms einfühlsame Lehrer, die ihn unterstützten, hatte Hebbel einen Kreis junger Leute, die ihm bei seinen Leseabenden und den Theateraufführungen zur Seite standen, sie alle konnten nicht helfen, Fragen ihrer künstlerischen Anliegen zu beantworten. Auch in ihren Familien fanden sie keine Gesprächspartner. Sowohl Hebbel als auch Brahms glaubten vor allem bei ihren Müttern Anteilnahme gefunden zu haben. Die Bemerkungen über die Mutter von Hebbel gleichen in vielem der Beschreibung von Christiane Brahms. Hebbel notierte in seinem Tagebuch:

„Mit ihr [Margarethe Hebbel] habe ich meinen Jähzorn, mein

Aufbrausen gemein, und nicht weniger die Fähigkeit, schnell und ohne weiteres alles, es sei groß oder klein, wieder zu vergeben und zu vergessen. Obwohl sie mich niemals verstanden hat und bei ihrer Geistes- und Erfahrungsstufe verstehen konnte, so muß sie doch immer eine Ahnung meines innersten Wesens gehabt haben, denn sie war es, die mich fort und fort gegen die Anfeindungen meines Vaters, der (von seinem Gesichtspunkt aus mit Recht) in mir stets ein mißratenes, unbrauchbares, wohl gar böswilliges Geschöpf erblickte, mit Eifer in Schutz nahm, und lieber über sich selbst etwas Hartes, [...] ergehen ließ, als daß sie mich preisgegeben hätte. Ihr allein verdanke ichs, daß ich nicht, wovon mein Vater jeden Winter, wie von einem Lieblingsplan sprach, den Bauernjungen spielen mußte, was mich vielleicht bei meiner Reizbarkeit schon in den zartesten Jahren bis auf den Grund zerstört haben würde; ihr allein, daß ich regelmäßig die Schule besuchen, und mich in reinlichen, wenn auch geflickten Kleidern öffentlich sehen lassen konnte."[49]

Über Christiane Brahms schreibt Karl Geiringer:

„Hand in Hand mit ihrer Güte geht Christianes Feinfühligkeit. Ein reizender kleiner Zug mag sie belegen. Einmal muß sie ihrem Johannes wegen einer unüberlegten Handlung Vorwürfe machen. Da sie weiß, daß der Sohn alle ihre Briefe sorgsam aufbewahrt, schreibt sie diesen Passus auf ein separates Blatt, ,damit Du es verbrennen kannst, daß es Dir nicht nach Jahren noch wieder vor Augen kömmt'. Ein Ausläufer dieser Zartheit des Fühlens in allen Dingen, die mit ihrem Sohn im Zusammenhang stehen, ist eine gewisse Sensibilität. ... Unerschütterlich ist sie in ihrem Gottvertrauen. ... Ob die literarischen Neigungen der vielgeplagten Frau wirklich so stark waren, wie alle Biographen vermuten (nach Kalbeck soll sie den ganzen Schiller auswendig gekonnt haben), möchte ich nach Kenntnis der Briefe eher bezweifeln. ... Hingegen besteht jede Veranlassung, von Frau Christianes häuslichen Tugenden die allerhöchste Meinung zu hegen."[50]

Die Ähnlichkeit ihrer sozialen Herkunft verband die beiden Künstler noch in einer weiteren Hinsicht. Sowohl für Hebbel wie für Brahms stand es außer Frage, mit ihren Einkünften, so kläglich sie zu Beginn auch waren, die Eltern und Geschwister zu unterstützen. Diese ähnlich gelagerten Erfahrungen werden Voraussetzung sein, sich in die künstlerische und menschliche Situation des anderen genau einfühlen zu können.

Darüber hinaus verbanden die beiden Künstler gemeinsame Bekannte und Freunde. An erster Stelle ist Klaus Groth zu nennen. Obwohl Groth um 1834 Hebbel nur für eine kurze Weile gesehen hatte, entspann sich zwischen ihnen nach 1857 ein sehr herzlicher Briefwechsel, der nach dem Tode Hebbels (1863) zwischen Klaus Groth und Christine Hebbel fortgeführt wurde.[51]

Wie Hebbel schätzte auch Brahms die literarischen Arbeiten in plattdeutscher Sprache sehr. Beide beherrschten das Plattdeutsche, sprachen es aber kaum.

Nichtsdestoweniger mußte die kleine Tochter Hebbels, Christine, „Lütt Matten de Has" und „Anten in Water" von Groth auswendig lernen. Eigens für einen Geburtstag ihrer Mutter schrieb Hebbel einen kleinen Sketch, in dem die Tochter „Matten Has" aufsagen sollte. Hebbel rühmte die literarische Bedeutung von Groth damit, daß, wie er ihm schrieb, „Sie Ihr Instrument erst zu bauen hatten, bevor Sie Ihre Melodie spielen konnten".

In den Kreis um das Ehepaar Hebbel gehörte auch Bertha Porubsky, verehel. Faber, Tochter des Pfarrers der protestantischen Gemeinde in Wien, die Brahms während eines Ferienaufenthaltes 1859 in Hamburg kennengelernt hatte und von ihrer schönen Stimme angetan war.

Franz Liszt in Weimar war sowohl Brahms von seinem Aufenthalt 1853 als auch Hebbel bekannt. Hebbel hatte am Weimarer Hoftheater durch das Interesse des Großherzogs von Sachsen-Weimar, Carl Alexander, und dessen Gemahlin, als auch durch den Einsatz von Franz von Dingelstedt, die „Nibelungen"-Trilogie 1861 uraufführen können. Der triumphale Erfolg dieser Uraufführung wiederholte sich kaum vier Monate später noch einmal, als Christine Hebbel bei einem Gastspiel die Hauptrolle dieses Dramas übernahm. Der Großherzog hatte sich bemüht, daß Ehepaar Hebbel an Weimar zu binden, was schließlich durch vertragliche Bedingungen des Burgtheaters in Wien und eine undurchsichtige Intrige Dingelstedts verhindert wurde. Bei seinen Aufenthalten in Weimar hatte Hebbel bei Franz Liszt Menschen gefunden, die sich für seine Werke begeisterten.

Ganz anders hatte Brahms den älteren Komponisten kennengelernt. Zwischen der schwärmerischen Tonsprache Liszts und den Vorstellungen des jungen Brahms bestanden unüberbrückbare Gegensätze, seinetwegen hatte sich Brahms von Eduard Remenyi losgesagt. Erst viel später, 1882, war es Liszt, der in einem Brief an Brahms seine Anerkennung aussprach.

Diese Berührungspunkte zeigen, wie unberechtigt die Einschätzung von Adolf Stübing ist, wenn er in seiner umfangreichen Monographie „Friedrich Hebbel in der Musik" schrieb:

„Unter den von Brahms . . . ausgewählten 53 deutschen Dichtern befindet sich Hebbel mit drei Schöpfungen. Das ist nicht eben viel. Eine ausgesprochene Neigung zog den Meister nicht zu der seltsamen Erscheinung dieses Dithmarsen; gibt sich doch die niederdeutsche Musik zwar gerne Sinnen und Träumen und melancholischem Ernste, nicht aber allzu oft Stimmungen Hebbelscher Art hin."[52]

Die Auffassung wird durch eine Beobachtung von Paul A. Merbach (1913) korrigiert. In einer statistischen Gegenüberstellung wird deutlich, daß Hebbel verhältnismäßig selten vertont wurde. Ein Vergleich mit Liedern nach Heine, Heyse, Geibel und Goethe weist auf ein grundsätzliches Problem der Komponisten mit den Dichtungen Hebbels.

„Wenn Hebbel hier in ganz außerordentlicher Weise hinter andern Dichtern zurücksteht (. . .), ja wenn er nach Challiers Zusammenstellung (Börsenblatt des Deutschen Buchhandels, 12. Juli 1912) wohl der am wenigsten vertonte deutsche Dichter unter den großen und bedeutenden ist, so hat das sicher seinen Grund in der Gedankenschwere und in dem immer wiederkehrenden düsteren Grundtone seiner Lyrik, die immer nur eine ganz bestimmte Seite musikalischen Empfindens auslösen wird."[53]

Diese Behauptung widerlegt, Brahms habe keine spezifische Vorliebe für die Werke Hebbels besessen. Vielmehr scheinen die ernsten bzw. feierlichen Inhalte der Gedichte von Hebbel dem Komponisten nur in bestimmte Textzusammenhänge gepaßt zu haben. Hierin ist der Grund zu sehen, weshalb Brahms nur wenige Texte des Dramatikers für Vertonungen aufgriff.

Entgegen dieser Darstellung beurteilt der Brahms-Biograph Max Kalbeck das Lied op. 58,7 sehr kritisch. Er glaubt, speziell in dem Gedicht „Ich legte mich unter den Lindenbaum" (d. i. „Vorüber") ein Ergebnis „langwieriger und trüber Denkprozesse" zu erkennen, welche „die Mühe ihrer Entstehung noch im Ausdruck verraten".[54]

Der Musikwissenschaftler George Bozarth belegte vor wenigen Jahren in einem umfangreichen Essay[55], daß diese Meinung auf einem Mißverständnis von Kalbeck beruht. Bozarth kann nachweisen, daß dieses Mißverständnis teilweise aus einer fehlerhaften Interpunktion der für die Biographie benutzten Ausgabe der Gedichte Hebbels herrührt. Außerdem entspringt diese Fehleinschätzung auch der Tatsache, daß Kalbeck annimmt, das Lied handele von einer verflossenen Liebesgeschichte. Ihm folgt noch 1972 Eric Sams, indem dieser die Entstehung des Liedes „Vorüber" an die Freundschaft mit Clara Schumann knüpft. Demgegenüber zeigt Bozarth, daß Brahms' Interpretation des Hebbel-Gedichtes nicht zu einer Veränderung der Aussage führte, noch im Widerspruch zu dem Gedicht steht, wie es Kalbeck annimmt.

Bozarth belegt in einer ausführlichen Analyse der lautlichen, metrischen und strukturellen Gegebenheiten des Gedichtes in dessen ursprünglicher Form, daß es Hebbel um die Darstellung des Gedankens ging, daß die menschlichen Möglichkeiten und die Natur nichts ausrichten können gegen die Allmacht des Todes. Die drastische und bittere Melancholie, die in den Klangfärbungen der verwendeten Laute und metrischen Eigenschaften des Gedichtes Ausdruck findet und sich dem Volksliedton in der Gestaltung des Liedes nähert, mußte einen Komponisten wie Brahms anregen, das Gedicht zu vertonen.

Bozarth schreibt dazu: „Daß Brahms von dem düstren Thema

dieses Gedichtes angezogen wurde, sollte niemanden überraschen, der mit seinen Liedern und Chorwerken vertraut ist. Überdies kann man sich leicht einen Komponisten wie Brahms vorstellen, für den der Ausdruck starker Gefühle stets durch klangliche Meisterschaft vertreten wurde, der positiv reagiert auf die sorgsam gestaltete Form, die rhythmischen, gestalterischen und klangsinnlichen Elemente dieses Gedichtes, jene Aspekte der Poesie, die der Musik sehr verwandt sind."[56]

Detailliert beschreibt Bozarth dann, wie Brahms auf die Gegebenheiten des Gedichtes von Hebbel musikalisch reagiert, unter Berücksichtigung der Tatsache, daß die beiden Strophen des Gedichtes – einer träumerisch idealisierenden Vorstellung in der ersten Strophe und einem realistisch düsteren Bild in der zweiten Strophe – sehr gegensätzliche Empfindungen wachrufen. Neben den harmonischen Strukturen betont Bozarth besonders die rhythmischen Momente der Melodieführung. Mit welcher Genauigkeit Brahms auf die Textvorlage reagiert, wird in der Analyse dadurch belegt, daß z. B. die dritte Zeile des Gedichtes von Brahms zweimal, in unterschiedlicher Weise vertont wurde. Er erfüllt damit nicht nur formale Kriterien seiner Komposition konsequent, sondern erreicht auch die Darstellung der Doppeldeutigkeit dieser Aussage:

„Diese Lösung ist meisterhaft, (. . .) um die Stimmungsbrechung des Gedichtes in seiner äußerst subtilen und effektvollen Weise zu übertragen. Erinnert man sich daran, daß diese dritte Zeile des Gedichtes in der Tat auf zwei Arten interpretiert werden kann – der Traum, in den der Dichter eingesunken ist, bedeutet nicht nur eine milde, beruhigende Lösung seines existentiellen Problems, sondern zugleich auch eine trügerische. Dafür setzt Brahms diese Zeile zweimal in Musik."[57]

Wie schon aus Analysen der Instrumentalmusik von Brahms bekannt, entwickelt der Komponist häufig die melodischen und harmonischen Strukturen eines Werkes aus einem Motiv. Ein solches Motiv sieht Bozarth in dem punktierten Viertel und dem nachfolgenden Achtel und den beiden aufsteigenden Vierteln und ihrer harmonischen Umrahmung.

Die Bedeutung dieses Motivs und seine harmonische Einbettung charakterisiert Bozarth für das Lied op. 58, 7:

„(...) dieses Kernmotiv und der erste Intervall erklären etwas von den grundlegenden Problemen, denen sich ein Komponist gegenübersehen würde, um Hebbels Gedicht zu vertonen: wie die Einheit und die Differenz zwischen den beiden Strophen aufzugreifen und zu steigern ist. . . .

Was Brahms (. . .) getan hat, um beides, die Ähnlichkeit und die Eigenständigkeit der beiden Strophen [in der Gestaltung] zu vereinen, ist, diese wiederum in zweifacher Hinsicht zu durchdringen, im Melodischen und im Harmonischen, mit dem Kernmotiv und dem Anfangsintervall, . . ."[58]

Indem Brahms das charakteristische ,Kernmotiv' und den Anfangsintervall unter den sich verändernden Bedingungen des Liedes wiederholt, gibt er ihnen unterschiedliche klangliche, melodische und rhythmische Bedeutungen und paßt sie den jeweiligen Gegebenheiten des Textes an. Daran zeigt sich, daß Brahms nicht nur eine stimmungsvolle, [quasi illustrierende] Musik dem Gedicht unterlegte, sondern die musikalische Gestaltung aus dem Text ableitete.

Alle Vorbehalte, die gegen die Vertonung dieses Gedichtes erhoben wurden, scheinen durch die skizzierte Analyse von Bozarth widerlegt. Bozarth kann mit seiner Untersuchung beweisen, wie es Brahms gelungen ist, durch Bezüge und Verknüpfungen der sprachlichen und musikalischen Elemente eine Einheit zwischen dem Text von Hebbel und seiner Musik zu schaffen.

Mit der Vertonung des Gedichtes „Spuk" op. 58, 6 folgte Brahms anderen Vorstellungen als im Lied op. 58, 7. Dieses Gedicht hat er ohne weitere Textübernahme dem Zyklus „Ein frühes Liebesleben" entnommen und unter dem Titel „In der Gasse" in op. 58 vor das eben besprochene Gedicht eingefügt.

Die nüchterne Ortsbezeichnung als Titel verweist darauf, daß es Brahms um mehr als nur die plakative Wiedergabe eines spukhaften Geschehens geht, das das Gedicht wiedergibt. Stübing bemängelt an diesem Lied, Brahms „rückt das gespenstische Nachtbild nicht überall in die unheimliche Beleuchtung, die ihm zukommt".[59] Er hält sich bei dieser Beurteilung zu stark an die Gegebenheiten des Textes fest, ohne zu erkennen, daß Brahms das seelische Moment gestalten will.

Wieder ist es ein punktiertes Kopfmotiv, daß die melodische

Entwicklung des Liedes bestimmt. Durch die Wiederholung des Motives und die Ableitung der weiteren Momente aus ihm wird die musikalische Entwicklung getragen. Damit übernimmt das Motiv anders als Bozarth es für op. 58, 7 festgestellt hat, vor allem formale Funktionen.

Interessant ist es zu sehen, wie die Bewegungen des begleitenden Klaviers das Lied ausdeuten. Die Intensität der Begleitfiguren insbesondere im zweiten Teil des Liedes spiegelt die Zerrissenheit der seelischen Grundstimmung des lyrischen Ichs wider, die die Voraussetzung für das Erlebnis des spukhaften Geschehens im Lied bildet.

Diese Stelle ist zudem durch harmonische Anspannungen charakterisiert.

Die seelische Erregung des Liedes op. 58, 6 verkehrt sich in dem folgenden, von Bozarth analysierten Lied in tiefe Melancholie. Damit deutet sich auch im Aufbau dieser Werkgruppe ein Kompositionsplan an, wie er zuvor für op. 86 festgestellt wurde.

Anfang der 80er Jahre griff Brahms noch einmal ein Gedicht von Hebbel auf, das „Abendlied" op. 92, 3. Von Friedrich Hebbel unter dem schmerzlichen Eindruck des unerwarteten Todes seines geliebten Studienfreundes Emil Rousseau 1838 geschrieben, atmet dieses Gedicht eine über tiefen Schmerz erhabene Ruhe. Die bedrängende Ruhe des Textes scheint Brahms durch den schreitenden Duktus des Klavierparts umzusetzen. Über diesem Klavierpart mit gleichmäßigen Vierteln im Baß und nachschlagenden Achteln in der rechten Hand legte Brahms die vier Gesangsstimmen. Das Gleichmaß des Ablaufes erinnert an das Pendeln einer Standuhr, als Zeichen für das Verrinnen der Zeit.

Ein zweiaktiges Anfangsmotiv wird als Vorspiel vorangestellt, das auch einleitend den Gesangseinsatz begleitet.

Mehrfach klingt das Motiv an, bis es nach einem ebenfalls zweitaktigen Zwischenspiel bei der Textstelle „Freude wie Kummer, fühl ich, zerrann" wörtlich wiederholt wird. Lediglich bei der Thematisierung des Schmerzes durchbrach Brahms den gleichförmigen Lauf der Gesangslinien und der Begleitung, um durch den versetzten Einsatz der Stimmen ein Mindestmaß an Bewegung zu gestalten, ohne die Ruhe des Liedes zu stören. Von dort mündet die Entwicklung wieder in das Anfangsmotiv ein. Durch Modulationen schuf Brahms wechselnd eine melodisch-harmonische Spannung und Beruhigung, die den Text wie ein Bogen überwölbt.

67

Anders als in den Liedern op. 58 versuchte Brahms so die Textvorlage musikalisch auszudeuten. Auch in diesem vierstimmigen Lied blieb der Text das Gerüst, an dem sich Brahms orientierte, um Text und Musik in einer Einheit zu binden.

FRIEDRICH HEBBEL

In der Gasse

Ich blicke hinab in die Gasse,
Dort drüben hat sie gewohnt!
Das öde, verlassene Fenster
Wie hell bescheints der Mond!

Es gibt so viel zu beleuchten;
O holde Strahlen des Lichts,
Was webt ihr denn gespenstisch
Um jene Stätte des Nichts!

Brahms: op. 58, 6

FRIEDRICH HEBBEL

Vorüber

Ich legte mich unter den Lindenbaum,
In dem die Nachtigall schlug;
Sie sang mich in den süßesten Traum,
Der währte auch lange genug.

Denn nun ich erwache, nun ist sie fort,
Und welk bedeckt mich das Laub,
Doch leider noch nicht, wie am dunklern Ort,
Verglühte Asche der Staub.

Brahms: op. 58, 7

FRIEDRICH HEBBEL

Abendlied

Friedlich bekämpfen
Nacht sich und Tag.
Wie das zu dämpfen,
Wie das zu lösen vermag!

Der mich bedrückte,
Schläfst du schon, Schmerz?
Was mich beglückte,
Sage, was wars doch, mein Herz?

Freude wie Kummer,
Fühl ich, zerrann,
Aber den Schlummer
Führten sie leise heran.

Und im Entschweben,
Immer empor,
Kommt mir das Leben
Ganz wie ein Schlummerlied vor.

Brahms: op. 92, 3

*Der Originaltitel bei Hebbel lautet „Abendgefühl", den Brahms
für seine Vertonung in „Abendlied" abänderte.*

„Das Schöne muß gemacht werden":
Die Freundschaft mit Klaus Groth

I

Dieser programmatische Satz stammt von Johannes Brahms, der ihn gegenüber Klaus Groth einmal ausgesprochen hat. In einem Brief an den Kieler Lehrer Hermann Krumm erinnerte sich Groth an die anfänglich mangelnde Resonanz seines Buches „Rotgeter" und kam in diesem Zusammenhang auch auf Johannes Brahms, von dem er berichtete:

> „Brahms sagte bei ähnlicher Gelegenheit, mehr in bezug auf sich selbst, da er noch verkannt war: Das Schöne muß gemacht werden, Punktum! Und dabei schlug er sich dröhnend auf seine breite Brust."[60]

Diesen Standpunkt machte sich auch Groth zu eigen. Damit bildet dieser Satz eine gemeinsame künstlerische Überzeugung, die eine Vorstellung von der menschlichen und künstlerisch anregenden Beziehung zwischen den beiden Männern gibt.

Der Brahms-Biograph Max Kalbeck glaubte, daß die „Ähnlichkeit ihres Schicksals" Brahms zu dem älteren Groth hinzog.[61] Diese Annahme scheint wenig stichhaltig. Wenn Anerkennung in der Fremde und künstlerisch Einsamkeit die bestimmenden Faktoren gewesen sein sollen, unter denen Brahms seine Lebenssituation verstanden hätte, wie es sich etwa in dem zitierten Brief an Clara Schumann andeutet, so waren diese Momente nur kurze Zeit eine gemeinsame Erfahrung.

Mit Sicherheit mag diese Übereinstimmung 1856 bestanden haben, als Brahms den Dichter Klaus Groth in Düsseldorf kennenlernte. Spätestens aber 1858 wandelte sich die Lebenssituation von Klaus Groth, als er die von ihm verehrte Doris Finke heiratete. Seine Arbeitsmöglichkeit in Kiel, also im heimatlichen Schleswig-Holstein, war nicht nur eine Bestätigung, sondern geradezu eine Anerkennung seiner Arbeit für das Plattdeutsche. Wenn die Annahme von Kalbeck richtig wäre, daß die „Ähnlichkeit ihrer Schicksale" die beiden Künstler verbunden hätte, dann wäre diese Grundlage der Freundschaft bald bedeutungslos geworden. Daß Brahms Freundschaften aufkündigte, bei denen er das Gefühl hatte, daß die Lebensumstände nicht mehr übereinstimmten, ist bekannt.

Die Freundschaft zu Klaus Groth blieb und, mehr noch, sie verstärkte sich im Laufe der Jahrzehnte. Sie beruhte auf ethischen Überzeugungen, die das dauerhafte Element dieser Freundschaft bildeten. Im September 1881 schrieb Groth mit Bezug auf diese Vorstellungen über seine Dichtung an Brahms: „Freilich sage ich mit Dir: Das Schöne muß gemacht werden. Doch kann es ja ohne Schaden liegen. Ich will es wenigstens nicht selbst erdrücken, und viel verträgt die Welt nicht von Früchten wie die meinen. Gut, daß die alten fortleben."[62]

Schönheit in der Kunst als Kraft zu sehen, die den Menschen fördert, ist das eine, was dieser Satz besagen will; die Zeitlosigkeit bzw. überdauernde oder auch im Verborgenen bleibende Wirkung dieser Kraft nahm Groth darüber hinaus für seine Dichtungen (und für die gesamte Kunst) an. Diese Grundüberzeugung erklärt das produktive Verhältnis zwischen dem Dichter und dem Komponisten besser als die angenommene „Ähnlichkeit ihrer Schicksale".

Die Darstellung dieser Freundschaft stößt auf eine grundlegende für Brahms spezifische Schwierigkeit. Während Groth sich ausführlich gegenüber Brahms aussprach und über ihn schrieb, so war Brahms ein schweigsamer, wortkarger Widerpart. Eine Vorstellung von dieser Freundschaft gewinnt der Leser nur durch die Briefe und Bemerkungen von Groth, also aus der Sichtweise des Dichters. Brahms' Position im Detail klären zu können, ist nahezu unmöglich.

Groth war nach seinem langen, zurückgezogenen Aufenthalt auf Fehmarn, wo seine Gedichtsammlung „Quickborn" entstanden war, und nach einer mehrmonatigen Zusammenarbeit mit Karl Müllenhof in Kiel über Hamburg und Pyrmont an den Rhein gereist und machte nun im Kreise des Altertumswissen-

Klaus Groth mit seiner Frau Doris geb. Finke und Sohn Detmar

schaftlers und Mozart-Biographen Otto Jahn Station in Bonn. Zu diesem Kreis gehörte Ernst Moritz Arndt, der Jurist Eduard Böcking, der Historiker Friedrich G. Dahlmann, der Altphilologe Gottlieb Welcker und der Germanist Karl Simrock. Kurze Zeit traten auch der Sprachwissenschaftler Moriz Haupt und David Friedrich Strauß hinzu. In seinen von Eugen Wolff und in neuerer Zeit von Joachim Hartig herausgegebenen Lebenserinnerungen berichtete Klaus Groth ausführlich über die Begegnungen in dem Gelehrtenkreis.[63]

Musikinteressiert und in einer spezifischen Art musikverständig trat Groth auch in Kontakt mit Clara Schumann und Joseph Joachim, und durch sie lernte er Johannes Brahms kennen. Schon im Frühsommer 1855 versuchte Clara Schumann Groth nach Düsseldorf zu holen, denn sie wußte, daß Brahms eine große Vorliebe für die plattdeutschen Gedichte von Groth hegte. Aber Groth hatte wegen einer heftigen Erkältungskrankheit in Bonn bleiben müssen. Kalbeck beschreibt diese Situation in seiner Biographie:

„Frau Schumann, welche die Verehrung kannte, die Brahms für die (1853 erschienenen) plattdeutschen Gedichte des Quickborn empfand, hatte Groth schon 1855 nach Düsseldorf eingeladen: Joachim und Brahms sollten dem Dichter, der ein leidenschaftlicher Musikliebhaber war, acht Tage lang vorspielen, was er wünschte. Krankheit hielt ihn in Bonn zurück. Nun (im Mai 1856) wurde das Versäumte, aber nur unvollkommen nachgeholt. ‚Ich höre noch ganz genau‘, schreibt Groth über Brahms, ‚die ersten Töne seiner Stimme (nicht wegen ihrer musikalischen Schönheit, wie die von Julius Stockhausen), ja, ich fühle genau seine eigenartige Hand, wie er sie mir zum erstenmale gab.‘“[64]

Zugleich schenkte Groth Brahms ein Exemplar der „Hundert Blätter“ (erschienen 1854) und schrieb ihm als Widmung in den Band:

Regentropfen aus den Bäumen
Fallen in das grüne Gras,
Tränen meiner trüben Augen
Machen mir die Wange naß.

Wenn die Sonne wieder scheinet,
Wird der Rasen doppelt grün:
Doppelt wird auf meinen Wangen
mir die heiße Träne glühn.[65]

Dieses Gedicht vertonte Brahms später und schenkte Groth im Sommer 1872 eine Abschrift der Komposition für eine Singstimme und Klavier (WoO 23).[66]

Tief erschüttert erlebte Groth die letzten Lebenswochen Schumanns mit. Auch dieses Erlebnis verband den älteren, norddeutschen Dichter mit dem jüngeren Komponisten. In seinen „Musikalischen Erlebnissen" beschrieb Groth rückblickend 1897 diese Eindrücke und Atmosphäre.

„Damals [in Bonn] habe ich auch Robert Schumann mit zu Grabe geleitet. Die Nachricht seines Todes durcheilte am Nachmittage des 29. Juli 1856 die Stadt Bonn und wahrscheinlich auch die anderen rheinischen Städte in einigen Stunden. Auf Straßen und Plätzen wurde man darauf angeredet, ob man die Trauerkunde schon vernommen, oder ob sie wahr sei, wann es geschehen, wer im Tode bei ihm gewesen? und was so gefragt und gesagt wird bei einer Todesbotschaft, die viele Hunderte schmerzhaft berührt. Und wenn auch viele sich und anderen zum Troste sagten, es sei eine Erlösung, so dachte doch auch jeder, es sei ein großer Verlust, der uns betroffen. Eine Erlösung freilich war es, und wir Näherstehenden hatten uns auch mit dem Gedanken vertraut gemacht, daß ihre Stunde bald kommen werde. Noch wenige Wochen vorher waren wir, Johannes Brahms, Albert Dietrich, Otto Jahn und ich, nach dem Krankenhause hinausgewandert, wir drei draußen wartend, während Brahms zu seinem Freunde zugelassen wurde. Er brachte Schumann einen Stielerschen Atlas, es war eine der letzten geistigen Beschäftigungen des einst so gewaltigen Geistes, auf Landkarten sich Namen, vielleicht eingebildete Reisen, zusammenzusuchen. Brahms erschien bald wieder, ernster noch als gewöhnlich. Er berichtete uns, daß der Kranke ihn erkannt und sich über das Geschenk gefreut habe. Weiter habe ich keine Erinnerung von seinen Mitteilungen als nur das dumpfe Gefühl von einem grenzenlosen Elend, dem nichts zu wünschen sei als ein baldiges

Ende. Auf die Kunde, daß dies Ende eingetreten, eilte ich von der Koblenzer Straße, wo ich als Nachbar vom Vater Arndt wohnte, zu Otto Jahn, dem Zentrum aller musikalischen Interessen, und traf bei ihm, eben innerhalb der Stadt und des Koblenzer Tors, schon trauernde Freunde, wie ich meine, auch Frau Schumann. Jedenfalls sah ich sie dort in den nächsten Tagen, wo auch Schüler, Verehrer und Freunde vom Niederrhein, aus Köln, Düsseldorf, Barmen erschienen, und bewunderte die Fassung der vielgeprüften edlen Frau bei diesem letzten harten Schlage. Freilich mag sie besser als selbst die Nächsten, Brahms und Dietrich, gewußt haben, daß nur der Tod die Befreiung bringe, und mochte sich schon lange gefaßt und vorbereitet haben, um nicht zu erliegen.

Bei Otto Jahn versammelten wir uns auch, um uns der Begräbnisfeier anzuschließen. Ferdinand Hiller war da, Reinthaler, Grimm, der Bürgermeister von Bonn und eine Anzahl würdiger Männer. Als der Trauerzug durch das Koblenzer Tor eingetreten war, folgten wir auf ein gegebenes Zeichen, ich weiß nicht mehr genau, an welcher Straßenecke. Aber das ist mir noch deutlich in Erinnerung, daß der Zug, der von Endenich herein kam, nur klein war. An einem wundervollen Sommerabend, am 31. Juli, in lauer, stiller Luft nahte er uns. Bloßen Haupts gingen Brahms, Joachim und Dietrich mit Lorbeerkränzen nahe hinter dem Sarg. Brahms und Joachim habe ich noch deutlich vor Augen, beide im schönsten Haarschmuck junger Männer, Joachim dunkelbraun, Brahms hellblond, beiden Gesichtern in ebenso entschiedener Art die Genialität ausgeprägt. Feierlich still wanderte das kleine Gefolge, bis die Straße sich erweitert und vom Markt her, dem wir uns näherten, allmählich das Glockengeläut lauter wurde. Aber siehe, da strömte es aus den Gassen herbei, als gälte es, einen Fürstenzug zu sehen. Was vom Magistrat, Bürgermeister, Stadtverordneten, Vereinen usw. sich anschloß, vermag ich nicht zu sagen, aber das Volk, das hochsinnige rheinische, war erschienen, einen letzten Blick zu werfen auf den Sarg, der unter Blumen, Kränzen, Palmen die irdische Hülle eines großen Mannes barg, dessen Namen wenigstens, dessen furchtbares Schicksal alle Gemüter bewegt hatte. Die ganze Bevölkerung Bonns schien vollständig versammelt zu sein, plötzlich, wie auf die Nachricht von einem großen Unglück, Brand oder Erdbeben. Leute aus allen Ständen liefen herbei in Hast und Eile, offenbar unvorbereitet, in Werktagskleidern, Hemdsärmeln, bloßen Kopfes. Ich sah Frauen aus dem Arbeiterstande, welche ihr Kind in die Höhe hoben, damit es etwas sähe. Und dabei war feierliche Totenstille, soweit das bei einer solchen Menschenmenge möglich ist. In Minuten war der Marktplatz Kopf an Kopf gedrängt voll, in den nächsten Straßen Fenster an Fenster, und der Zug kaum imstande, in gemessenem Schritt die teilnehmende Menge zu passieren. Beim Verlassen des Ortes wogte es um uns her, als sei die halbe Stadt ausgewandert. Der schön gelegene Kirchhof war schwarz bedeckt von Menschen. Die wenigsten haben wohl die Worte vernehmen können, mit denen Pastor Wiesmann den Sarg begleitete, als wir ihn hinabließen zur Ruhe, und den tiefempfundenen Nachruf, den Ferdinand Hiller seinem hingeschiedenen Freunde widmete. Wir andern streuten schweigend eine Hand voll Erde auf den Sarg als letzten Gruß zum Abschiede. Robert Schumann, einer der größten Meister der Töne, schläft in der Nähe anderer Größen, (. . .) auf deren Taten und Werke wir mit Andacht zurückblicken, den ewigen Schlummer."[67]

Diese Erlebnisse und Erinnerungen belegen, daß Robert Schumann auch in der Freundschaft zwischen Klaus Groth und Johannes Brahms eine einheitstiftende Kraft war, vergleichbar, wenn auch in ganz anderem Maße, als es bei Brahms und Friedrich Hebbel der Fall gewesen ist.

Es sind aber nicht nur die Begegnungen in dem Kreis der Musiker und Künstler in Bonn, die Brahms und Groth verbanden, sondern auch die vielen Treffen, die sich im Laufe der vierzigjährigen Freundschaft ergaben. Meist legte Brahms seine Konzertreisen in den Norden so, daß er bei Klaus Groth einkehren konnte, oder bat den älteren Freund, nach Hamburg herüberzukommen. Die Fülle dieser Begegnungen sind als Aufzählung nicht ergiebig, auch nicht alle hinreichend überliefert, als daß eine Darstellung dieser Treffen der chronologischen Reihenfolge nach sinnvoll erschiene. Es sollen einige Beispiele genannt werden, die den herzlichen und familiären Ton zwischen Johannes Brahms und der Familie Groth zeigen. In seinen „Erinnerungen an Johannes Brahms" schrieb Groth dazu:

„Bei mir kam und wohnte Brahms öfter, oft acht bis vierzehn Tage oder länger; es war ein höchst behaglicher Verkehr mit ihm. Er war mit allem zufrieden, nur nicht immer mit unserem Wetter, worüber er mir verschiedene Male sagte und klagte: ,Nein, Du, bei Euch regnet es doch immer.' Und er hatte allerdings das Mißgeschick, gewöhnlich bei schlechtem Wetter bei mir einzutreffen. Einst, übrigens im schönsten Hochsommer, klopfte morgens früh unser Mädchen an die Schlafstubentür mit den Worten, es wandere ein Herr schon seit einer Stunde um den Grasplatz in unserem Garten. Auf meine Frage, wer das denn sein könne, antwortete sie, der Herr, der schon oft bei uns gewohnt habe, sie habe aber seinen Namen vergessen. Ich erhob mich also lachend und ging ans Fenster: da wanderte Johannes, Zylinder auf dem Kopfe, in der hellen Morgensonne im Gärtchen vor meinem Hause auf und ab. Natürlich rief ich ihn herein und scherzte, warum er uns denn nicht geweckt habe. ,O', sagte er, ,es ist hier ja auch ganz schön.' Aber nun ließ er es sich doch gefallen,einen starken Kaffee mit mir und Frau und Kindern, die sich auch bald erhoben hatten, in unserer sogenannten ,Kajüte', meinem Eß- und Gartenzimmer, zu trinken."[68]

Während der Weltausstellung in Wien 1873 war es dann Groth, der nach Wien reiste. Doris Groth kündigte Brahms den Besuch seines Freundes per Brief an, am 16. Oktober 1873 schrieb sie:

„Klaus ist gestern nach Wien gereist; die größte Freude für ihn dort ist, Sie zu sehen. Er bat mich, Ihnen dies zu schreiben, da mein Brief wohl schneller reist als er mit Dr. Meyer von Forsteck. Der Entschluß zur Reise kam plötzlich, und ich bin sehr froh für Klaus, der den Süden von Deutschland nicht kennt."[69]

In seinen „Erinnerungen an Johannes Brahms" erwähnte Groth auch diesen Aufenthalt ebenfalls ausführlich:

„Im Jahre 1873 ließ ich mich bereden, mit meinem Freunde Dr. Meyer nach Wien zu fahren, um die dortige Weltausstellung zu besuchen. Natürlich galt mein erster Besuch Johannes

Brahms, der ziemlich entfernt in der Vorstadt Wieden drei Treppen hoch die Etage bewohnte, wo er auch geblieben und gestorben ist. Er war freudig überrascht, als er mich sah, und wir verkehrten natürlich in der Zeit meines Aufenthaltes dort möglichst viel miteinander. Er fragte mich sogleich, ob ich wirklich die Ausstellung besuchen wolle, und auf meine bejahende Antwort rief er wie entsetzt: ‚Du, da gehe ich nicht hin, ich würde verrückt!' Wirklich war es auch ein zweifelhaftes Vergnügen, der Trubel, der Lärm, die Menschenmenge, die herumwogte, störte eigentlich jede wahre Freude, selbst der Besuch der Kunstabteilung war mir ein zweifelhafter Genuß. Dort traf ich übrigens doch einmal mit Brahms zusammen. Wir waren mehrere Norddeutsche anwesend. Es wurde namentlich das Bild ‚Thusnelda in Rom' von Piloty bewundert. Meine Freunde waren meist in hoher Begeisterung darüber. Als wir in der Dämmerung nach Wien zurückgingen, fragte mich Brahms: ‚Was sagst Du eigentlich zu dem Bilde? Ich verstehe es gar nicht." Auch mir war das Verständnis über Wert und Schönheit nicht aufgegangen. Brahms äußerte dann: „Ich verstehe es so wenig, wie eine große Weltoper von Meyerbeer."[70]

Aus Wien haben sich ausführliche Beschreibungen von Klaus Groth erhalten, die er seiner Frau in Briefen nach Kiel sandte. Die verhaltene Skepsis in dem zitierten Rückblick ist ein nachträgliches Resumee dessen, was Wien und die Erlebnisse der Weltausstellung bedeuteten, die Groth wenig Bleibendes brachte. Während des Aufenthaltes, im anregenden Verkehr mit Johannes Brahms und neben anderen mit der Witwe des Dramatikers Friedrich Hebbel, der Burgschauspielerin Christine Hebbel-Enghaus,[71] erschienen die Tage in Wien in einem deutlich positiveren Licht.

„Man sollte nicht denken, daß gerade mich eine solche Ausstellung erfreuen könnte. Es liegt daran, daß die Ausstellung selbst so glücklich ist. Denke Dir etwa im Hydepark [1869 waren Doris und Klaus Groth in London gewesen[72] eine bunte Reihe von Gebäuden, in der Mitte, wie den Park durchschneidend, ein unendlich langes, hin und wieder geschickt unterbrochen, geteilt in zwei Hälften durch die mächtige Rotunde. Diese

Zeichnung von C. W. Allers. Original Schleswig-Holsteinische Landesbibliothek

Rotunde ist so hoch wie die höchsten Türme. Oben sind in zwei verschiedenen Höhen Galerien. Dort sieht man Menschen herumkrabbeln wie Fliegen an der Wand. Man kann fast ganz hinauffahren. Auch der ‚Olle‘ ist dagewesen mit seiner Begleitung! Man braucht 20 min zu gehen, um auf der unteren Galerie die Rotunde zu umgehen. Jenen (unten) ist sie wie ein großer Marktplatz, die Menschen an der entgegengesetzten Seite sehen wie Puppen aus. Nun ist der Park (Prater) so groß, daß alle Gebäude ihn nicht zum 10. Teil füllen. Man kann noch sich müde laufen, in jeder Richtung zwischen Gras und spielenden Springbrunnen oder unter Bäumen. Ja, viele Gebäudchen (Wigwams, Pavillions usw.) liegen versteckt unter Bäumen, oder ein großer Baumstamm steht mitten in einem Gange, die Krone oben über der Bedachung. Dazu alles lebendig, mannigfaltig, nicht steif und starr und einförmig wie in London. (. . .)

Brahms sehen wir heute wohl nicht. Er sieht gut aus, unverdorben, etwas dicker geworden, keineswegs auffallend. Ich sprach ausführlich mit ihm über einen Besuch bei uns und den verfehlten diesen Sommer. Er spricht ausgezeichnet, gut, klar, logisch, ist äußerst zuvorkommend, liebenswürdig."[73]

In diesen Tagen lernte Groth auch den Brahmsfreund Theodor Billroth kennen. Sie saßen bei der Generalprobe eines philharmonischen Konzertes nebeneinander. Geprobt wurden neben der 7. Symphonie von Beethoven die Haydn-Variationen op. 56 von Brahms.[74] Billroth schätzte die Gedichte und Lieder von Groth sehr.[75]

Nach dem frühen Tod von Doris Groth 1868 war es besonders Brahms, dem sich Groth verbunden fühlte. In einem Brief an Eggers vom April 1882 gestand Groth, daß nur Brahms und Bülow ihn bewegen konnten, zu Konzerten außerhalb von Kiel zu reisen. Dankbar schrieb Groth an den befreundeten Komponisten im Oktober 1878:

„Deine zweite Symphonie zog mich nach Hamburg, ich wäre sonst nicht zum Musikfeste gekommen. Nun bin ich um so mehr dankbar, da ich Dich so oft gesehen habe, als es bei solchen Gelegenheiten möglich ist und zugleich seit langen Jahren das größte musikalische Ereignis an der vortrefflichen Aufführung

Deines Werkes mit erlebt habe. Von Freude will ich nicht sprechen, das Wort habe ich aus dem Leben streichen müssen."[76]

Bezeichnend ein Wort von Brahms über den Tod von Doris Groth, das Groth in seinen Erinnerungen überlieferte: „Noch erinnere ich mich auch der Worte und seines ernsten Gesichtes, als wir uns nach dem Tode meiner Frau zum ersten Male wiedersahen: ,Es ist wohl noch schwerer, zum zweiten Mal Junggeselle zu sein, als zum ersten Mal.' Dies so seine Art, seine Empfindungen auszudrücken und zu bezwingen. Wir wechselten kein Wort weiter über meinen schweren Verlust."[77]

1888 hatten Groth und Brahms gemeinsam einen Sommer im schweizerischen Thun verbracht, von dem Groth eine ausführliche Schilderung in seinen „Erinnerungen an Johannes Brahms" brachte. Es sind für Brahms drei kompositorisch ertragreiche Sommer in Thun.

„Es war ein unscheinbares Haus, in das ich eintrat und, nach des Besitzers Anweisung, eine dämmerige Treppe hinaufstieg. Da hörte ich denn schon gleich die mir so wohlbekannte, liebe rauhe Stimme meines Freundes nicht gerade im freundlichen Tone herunterrufen, denn er haßte Störungen durch zudringlichen Besuch. ,Wer ist da? Ist da jemand?' und ich sah gegen das Dämmerlicht sein Gesicht, umrahmt vom prächtigen hellblonden Haupthaar und dem starken Vollbart, sich prüfend mir entgegen neigen, der ich inzwischen höher stieg und ihm kenntlich – er wahr sehr kurzsichtig – näher kam, indem ich ihm zurief: ,Ich bin es!' Da seh' ich noch, wie er erstaunend seine beiden Arme immer höher hob und endlich, mir die Hand entgegenstreckend, freudig rief: ,Du bist es! Wo kommst du denn her? Wie schön ist es!' – Ach ja, wie war es schön!

Brahms bewohnte die ganze niedrige Etage, wohl fünf bis sechs Zimmer, offenbar eingerichtet für ebenso viele bescheidene Sommergäste, im Falle sie sich einfanden. Er wollte niemand neben sich wohnen haben, sondern ungestört sein. Ich sah mich etwas erstaunt die ganze offene Zimmerflucht entlang um und sagte ihm lachend: ,In wie vielen Betten kannst Du eigentlich abwechselnd schlafen?' Für sonstige Bequemlichkeit war

wenig Anstalt vorhanden. Brahms hauste im größten, dem End-
zimmer, dort stand vielleicht ein Sofa, jedenfalls ein Flügel. Es
sah öde genug aus, aus einem der ferneren Fenster hing eine
Unterjacke, wohl von ihm. Aber die Aussicht aus allen Fenstern
über die Gärten zur Seite, über den Fluß aufs jenseitige Ufer mit
baumreichen Villenparks und Fruchtgärten war erfreulich. Von
nun an sahen wir uns natürlich häufig, . . . bei gutem Wetter
meist frühmorgens auf Spaziergängen. Ich schaute dabei oft oder
meistens in die Ferne auf den Kranz von Bergen, Brahms aber
fürchtete offenbar, mich möchte trotz meiner siebzig Jahre die
Kletterlust überfallen. Er verwarnte mich einmal direkt, als ich
geäußert hatte, ich möchte einmal den Niesen, der uns, nicht
sehr hoch, grün bis zur Kuppe hinauf, in der Ebene verlockend
anschaute, besteigen. ‚Du,‘ sagte er, ‚tu das ja nicht, das ist viel
zu anstrengend für Dich, und wenn Du dann ermüdet oben
ankommst, ist vielleicht alles in Nebel gehüllt, und Du siehst
gar nichts. Nein, Du, es gibt hier viele und schöne ebene Wege,
wo man nicht zu klettern braucht, die will ich Dir zeigen.‘ . . .
Bei unseren gemeinsamen Spazierwegen nun in der Ebene um
Thun herum beobachtete ich wieder mit Vergnügen, wie kinder-
lieb Brahms war. Er hatte eine eigene Art, mit ihnen zu verkeh-
ren, sie zu necken und zu beschenken, und ich sah bald, wenn
wir bei unseren Wegen das Städtchen berührten, daß er sozusagen der allgemeine Kinderonkel war."[78]

Noch kurz vor seinem Tode im Herbst 1896 hatte Groth dem
Freund einen Entwurf seiner „Musikalischen Erlebnisse" und
eine Umarbeitung „Heidnischer Merkwürdigkeiten"[79], die die
Familiengeschichte der Familie Brahms berührte, geschickt,
teils, wie Groth im Juni 1897 schrieb, aus Furcht vor der sich
abzeichnenden Krankheit von Brahms und um diesem eine
Ablenkung zu verschaffen, teils in der Hoffnung, einige Ergän-
zungen von ihm zu erhalten.

„Meine Hülfe", so schrieb Brahms im Oktober 1896, „aber
darf ich doch nicht im Geringsten anbieten. Heide selbst und
unsere Verwandten dort sah ich nur als kleinster Junge, ich kann
nur gedankenlos zurückträumen – und an meinen Vater denke
ich gern. Über keinerlei Namen, Vornamen u. sonst was weiß

ich irgend Bestimmtes. Aber hernach werde ich trotzdem Dein dankbarster Leser sein."[80]

Kritisch und doch konstruktiv ging Brahms dann auf das zugesandte Manuskript ein, trotz seines belastenden Gesundheitszustandes, wenn er im Winter an Groth schrieb:

„Lieber Freund! Herzlich danke ich für die angenehmen Stunden, die mir das Lesen Deiner Blätter und das Weiterträumen verschafft haben. Das kleine bescheidene Heft an Vater ist zwar bedenklich zugedeckt und aufrichtig, das tut mir leid. Auch der Unbeteiligte konnte Deine Schilderung kleinstädtischen Lebens mit Behagen lesen – jetzt merkt er sie gar nicht. Ich glaube, Du hast Dich von Max Müller zu *eilig* verführen lassen, Deine musikalischen Erinnerungen *dazu* zu schreiben, ja, bisweilen scheint mir, es möchten mehr Überschriften zu Kapiteln sein als diese selbst. Ich kann freilich bei jeder Überschrift in Gedanken weiterlesen und manches Schöne und Lustige wieder mit Dir erleben. Wie wär's, wenn Du es auch so ansähest und in freundlichen ruhigen Stunden am einzelnen weiterplaudertest? Es könnte sehr hübsche kleine Kapitel geben, mein altes liebes aber nebenher bestehen. Entschuldige, daß mein Dank so unbescheiden ist und statt eines zwei Bücher verlangt. . . . Die Geschichte, wie mein Vater Musiker wurde, ist in Wahrheit aber viel schöner! Aus reiner Leidenschaft zur Musik ist er zweimal dem elterlichen Hause entlaufen zum nächsten Stadtmusiker (Meldorf?)[81]; erst das dritte mal wurde er mit Segen, Bettzeug und übrigen freundlich entlassen. (Ich kann meine Leidenschaft zur Musik nicht so gut beweisen!)"[82]

Das war der letzte Brief, den Klaus Groth von Johannes Brahms erhielt. Als die Nachricht vom Tode Johannes Brahms' in den ersten Apriltagen in Kiel eintraf, war Groth tief getroffen. Eine Einladung des Dirigenten Julius Spengel schlug der Dichter in einem kurzen Brief am 4. April 1897 aus:

„Lieber Freund! Vielen Dank für Ihre freundliche Einladung! Ich kann nicht kommen, ich bin zu zerschlagen. Was bleibt uns nun? Grüßen Sie Ihre liebe Frau und die andern Freunde unseres großen Toten!

Ihr Klaus Groth"[83]

Der 82jährige Dichter verlor mit dem verstorbenen Komponisten nicht nur einen seiner liebsten Brief- und Gesprächspartner, sondern auch den künstlerischen Freund, dem er für viele musikalische Ereignisse dankbar war. Mehr aber noch standen für den Dichter die Vertonungen eigener Gedichttexte durch Johannes Brahms im Vordergrund, wenn er schrieb: „. . . und wenn Brahms etwas von mir componirt, so empfinde ich das immer wie die Verleihung eines Verdienstordens."[84]

II
Schon als im Dezember 1874 die Lieder op. 63 in Kiel eintrafen, schrieb Groth beglückt an den Wiener Freund:

„Es ist jedesmal ein Fest, wenn von Ihnen etwas Neues anlangt, doppelt gar, wenn Sie zugleich als Interpret meiner Empfindungen diese ins Reich himmlischer Töne erheben."[85]

Und ein halbes Jahr später:

„Ich fühle mich himmlisch beglückt, wenn ich meine alten Empfindungen durch Ihre Kunst erneut und erhoben finde."[86]

Trotz dieser Anerkennung und Freude an den Vertonungen der eigenen Texte muß Groth dem Freund gestehen, daß ihm die Musik als Sprach- und Ausdrucksform unbegreiflich erschiene.

„Wir hatten die Schwester von Carl Reinecke hier, die Frau Leo; sie mußte mit brahmssen, wie wir sagen: ob widerwillig, weiß ich nicht. Jedenfalls spielte sie vortrefflich vom Blatt, begleitete Magellonen-Romanzen [Sic!] etc., spielte mit Ladenburg A-moll-Quartett etc. Sie nannte mich ‚durch und durch musikalisch', wohl mit Recht, wenn's ans Genießen geht, wo ich den Geschmack kenne, den die Komposition für mich hat. Sie nennen mich mit demselben Recht ‚unmusikalisch' (ich weiß, daß Sie es ironisch meinen, bin überhaupt nicht empfindlich gegen Neckerei); denn mir ist die musikalische Produktion ein wahres Rätsel, die Ihrige fast am meisten. Ich höre mitunter Gedanken von Ihnen, als redeten Sie eine fremde Sprache. Aber ich lese dann so lange, bis ich sie doch verstehe, ja oft werden diese Gedanken mir die allerklarsten. Vergebens frage [ich] mich dann: Wie Sie in dieser Sprache als Ihrer eignen denken können? Doch es schadet mir ja nichts, ich trinke dann den abgeklärten

Wein. Meine musikalische Begabung ist weiblicher, empfangender Natur."[87]

Groth stand mit seiner Begeisterung für die Werke von Brahms nicht allein. In Doris Groth hatte Brahms nicht nur eine enthusiastische, sondern auch musikalisch gebildete Bewunderin gefunden. Aus einer traditionsreichen, alten Bremer Handelsfamilie stammend, hatte Doris Groth eine solide musikalische Ausbildung genossen. Ihr Klavierspiel und ihre geschulte Stimme waren entscheidende Voraussetzungen für Hausmusik, bei der allem Anschein nach die Kompositionen von Brahms im Vordergrund standen. Klaus Groth empfand es als ein besonderes Glück, täglich mit seiner Frau musizieren zu können. Doris Groth hatte Unterweisungen durch die berühmteste Sängerin des 19. Jahrhunderts, Jenny Lind, erhalten.[88] Wenn auch nicht von ausreichender körperlicher Konstitution und durch ihre Herkunft nicht zum Musikerberuf bestimmt, muß Doris Groth über beachtliche technische Mittel und eine gediegene Musikalität verfügt haben. Namentlich muß sie eine besonders schöne Stimme gehabt haben, die sie in ihrer Bescheidenheit jedoch nicht gelten ließ. Ihre musikalischen Kenntnisse spiegeln sich in den Briefen an Johannes Brahms wider.

Ausführlich schrieb Doris Groth zu den Liedern von Brahms an den Komponisten:

„Warum müssen Sie in Wien, Klaus in Kiel sein; mit wahrer Sehnsucht spricht Klaus es oft aus, welch Glück es für ihn sein würde, Sie nahe zu haben. Sie wissen nicht, wie oft Sie uns getröstet haben im letzten Jahr, wie oft Sie geistig bei uns waren, und wir bei Ihnen die Schwere des Schicksals vergaßen. Jetzt haben Sie uns wieder von Ihrem reichen Innern neue Stärkung gesendet, herzlichen Dank für die schönen Lieder, die Sie uns sandten, op. 57. 58. 4 Hefte. Klaus und ich haben uns ganz besonders hingegeben an Heft I op. 57, wir verweilen gern lange bei einer Komposition; es geht uns so mit Ihnen, wir finden Ihre Lieder immer schöner, je länger wir sie spielen und singen. Es ist ein Wohlklang und eine Tiefe der Empfindung in Ihren Liedern, die mächtig ergreifen, das ganze Herz erschüttern, wie es nur bei Schubert ist, und dann ist noch etwas dabei, das ich nicht definieren kann, was nicht in Schubert ist und Sie über ihn stellt. Ich habe übrigens meine ganz bestimmten Lieblinge unter Ihren Liedern. Das Schönste für mich (das überhaupt das Schönste mit ist von allem, was existiert an deutschen Liedern) ist op. 43 ‚Von ewiger Liebe'; ich singe das sehr oft und auch die Mainacht (. . .). Was wir *können*, ist sehr wenig, lieber Herr Brahms, aber wir können nicht ohne Musik leben. Ein Lied, das ich zuweilen auf Verlangen vor Dr. Thomsen, Klaus und ich finden es auch sehr schön, singe, ist op. 32 ‚Wie rafft ich mich auf in der Nacht'. Ich singe es natürlich schlecht, es muß sich am besten für eine Männerstimme machen; . . .

In op. 47 habe ich auch besonders gern die beiden letzten gesungen, finde aber die andern auch sehr schön. Opus 6 ist lange meine Freude, Nr. 1 darin besondrer Liebling. In op. 3 sind Nr. 1, 3, 4 meine Lieblinge."[89]

Zeigte dieser Brief vom 21. März 1872, welchen Überblick Doris Groth über das Liedschaffen von Brahms besaß, so zeichnet ein weiterer Brief vom 2. April 1872 ein deutliches Bild davon, wie genau Frau Groth in die Kompositionen von Brahms eingedrungen war.

„Sie haben wieder eine neue Quelle geöffnet, ich wollte Sie hätten uns drei sprechen gehört. Nach allem Schönen, was wir von andern und von Ihnen besitzen, noch dieses Schönste, wieder neu geht es uns auf. Welche Geistigkeit und Klarheit, welche Tiefe der Empfindung; Ihre Intentionen und Ihre Kraft reichen immer gleich weit, nirgend Überladung, wieder eine ganz neue Art; Sie sind Brahms und doch wieder ganz neu, ganz überraschend. So groß und schön sind diese Lieder, daß wir glauben, nichts Schöneres, Höheres zu besitzen.

(Ihre Texte sind teilweise gar nicht schön.) Die beiden anderen Hefte werden von uns ebenso bewundernd hingenommen. Die Hebbelschen sind sehr schön, die Tigerin nicht minder. Mir klingen, heute aber beständig in allen Nerven

Wenn du nur zu — weilen lächelst

Alle diese brieflichen Äußerungen von Doris Groth geben nicht nur einen Eindruck ihrer genauen Kenntnis der Liedkompositionen von Brahms, sie lassen in ihr auch eine profunde Kennerin des Kunstliedes erkennen. Es ist ihr daher möglich, dem Komponisten nicht nur eine subjektive Vorliebe zu seinem Werk zu belegen. Doris Groth ordnete ihr Urteil zugleich auch in die Entwicklung des Kunstliedes ein. Sie erkannte durchaus die angedeutete Tradition, an der Brahms mit Bewußtsein anknüpfte, indem sie Schubert-Lieder als Orientierungspunkt nannte.

Daß der Komponist aber diese Tradition nicht nur erfüllte, sondern über sie hinauswies, empfand Doris Groth ebenso deutlich. Diese Urteilsfähigkeit machten die Aussagen über sein Werk für Brahms um so wichtiger.

Es verwundert bei der Vorliebe für die Musiksprache von Brahms und das Einfühlungsvermögen in seine Kunst nicht, daß Doris Groth einen Gedanken aussprach, der künstlerisch für Brahms und Groth anregend wurde.

„Wäre es Ihnen lieb, wenn ich Ihnen einige hochdeutsche Gedichte (Manuskript) von Klaus schickte, ob sie bei Ihnen Musik werden?"[91]

So schrieb Doris Groth am 21. März 1872. Der von Doris Groth geäußerte Wunsch nach Vertonungen von Texten ihres Mannes durch Brahms ergibt sich aus der Annahme, daß sich Brahms und Groth in ihrem künstlerischen Anliegen, nämlich eine Verbindung von Tradition und erneuernden Sprachformen zu finden, sehr ähnlich waren.

Dieser spezielle Plan, die Liebesgedichte von Klaus Groth an seine Frau als Textvorlage für Vertonungen zu wählen, wurde nicht ausgeführt. Zwar hat Doris Groth noch im Juli 1872 eine Anzahl hochdeutscher Gedichte von Groth für Brahms abgeschrieben, der persönliche Charakter dieser Texte hielt Brahms allerdings davon ab, sie zu vertonen.

Der Gedanke aber deutet an, wie herzlich und innig man sich die Freundschaft zwischen den Groths und Johannes Brahms vorstellen muß. Wenn auch diese Gedichte von Brahms nicht als Textvorlage für Lieder genutzt wurden, so war der grundsätzliche Gedanke, Brahms zu animieren, Gedichte von Groth zu vertonen, kennzeichnend für die Freundschaft. Groth stand als schaffender Künstler Vertonungen seiner Texte natürlich noch in einem ganz anderen Grade offen gegenüber. Am 19. Juli 1872 schrieb Groth u. a. an Brahms: „Am Tage meines Festes erhielt ich zufällig auch von Carl Reinecke aus Leipzig 9 Kinderlieder Voer de Goern aus dem Quickborn II. Sie wissen, daß ich hinreichend Musik kenne, um in solchem Augenblick zu wünschen: Wenn Johannes Brahms einmal über Texte von mir käme! Im übrigen waren die Lieder gut; ist ja auch die stärkste Seite Reineckes."[92]

Nachdem das Ehepaar Groth diesen Gedanken wiederholt ausgesprochen hatte, sah sich Brahms veranlaßt, ihnen zu schreiben, daß er sehr wohl bereits Vertonungen von Texten Groths vorgenommen hätte. Allerdings wollte er sie zunächst nicht veröffentlichen, weil er dazu „zuviel schwätzen" müßte, um auseinanderzusetzen, was der „Quickborn" ihm bedeutete.

„Übrigens fällt mir eine kleine Probe ein. In Romanzen für Frauenchor von mir steht zu einem Lied von Heyse ‚Am Wildbach die Weiden' eine Melodie, die eigentlich hierzu gehört:

Da   geit en Bęk   de   Wisch entlang,

Sie können sich's leicht mit Ihrem Lied ausschreiben und von hübschen Kielerinnen vorsingen lassen! Ich musiziere übrigens viel Monologe – wozu muß denn Alles gedruckt werden. Mir fällt noch ein Lied ein von Ihnen, das nicht einmal gedruckt ist, und schreibe es auf, damit Sie sehen, wie ich Ihre Worte doch so beiläufig im Kopf habe."[93]

Bei dem erwähnten, ungedruckten Gedicht dürfte es sich um die Widmung von Klaus Groth auf dem Exemplar der „Hundert

Blätter" handeln, das Brahms 1856 vom Dichter als Geschenk bekommen hatte. Groth nahm später irrtümlich an, Brahms habe das Gedicht durch den gemeinsamen Bekannten, den Dirigenten Albert Dietrich aus Oldenburg, erhalten. Die Textvorlage für dieses Lied bildet aber mit Sicherheit die Widmung von 1856. Als ein halbes Jahr später, im Frühling 1873, Vertonungen der vier Groth-Gedichte op. 59 – „Regenlied" (Walle Regen, walle nieder), „Nachklang" (Regentropfen aus den Bäumen fallen), „Mein wundes Herz verlangt nach milder Ruh" und „Dein blaues Auge hält so still" – in Kiel eingetroffen waren, schrieb Doris Groth bewegt an den Komponisten:

„Seit dem 24sten [April] habe ich jeden Tag ein wenig Zeit mir gestohlen für den wunderbar schönen Zyklus Lieder von Ihnen und von Klaus. Wie zart, wie sinnig haben Sie diese 4 Lieder aneinander gereiht. Wie ist das erste groß und herrlich, das zweite habe ich heute Klaus vorsingen können – ich überraschte ihn damit –, selbst begleitet; er war ganz getroffen; wie tief sind sie empfunden, diese Lieder, und das letzte gibt zum Schluß das erste wieder und versetzt uns zurück in die Vergangenheit. So geht unser Leben mit uns."[94]

Die Tatsache, daß Brahms die vier Gedichte aufeinander bezieht, die in der Buchausgabe nicht in dieser Reihenfolge stehen und durch andere Gedichte getrennt sind, zeigt erneut, wie Brahms innerhalb seiner Werkgruppen mit der Zusammenstellung der Texte arbeitete, um spezifische Stimmungen zu schaffen.

Die Bedeutung einzelner Lieder werden darüber hinaus sichtbar, wenn Brahms ihre Melodien für andere Werke aufgriff. Bereits im August 1872 erwähnte Doris Groth das „Regenlied" [op. 59, 3]: „Ihr schönes Lied zu Klaus Worten ‚Regentropfen' singe ich so gern, und er hört es so gern."[95]

Passagen aus diesem Lied arbeitete Brahms in den letzten Satz seiner Sonate für Violine und Klavier op. 78 ein. Besonders bildet die Melodie des Liedes das wiederkehrende Thema im Finalsatz der Sonate. Theodor Billroth hat die Wirkung der Anklänge des „Regenliedes" in einem Brief an Brahms beschrieben:

„Die Freude auf Novitäten von Dir und daß Du meiner

Regenlied.

90

gedachtest, erhielt mich den ganzen Tag in froher Stimmung; ich glaube, ich war freundlicher als sonst gegen alle Menschen, mit denen ich zu tun hatte. ... Das so oft wiederkehrende Motiv im letzten Satz kommt mir so bekannt vor. Aus den ,Heimat'-liedern von Claus Groth dachte ich, dann endlich dämmerte mir das Regenlied auf (...). Ich habe mich natürlich sofort heute abend auf das Stück gelegt, ich schwänzte Akademiesitzung und anderes und war der Meinung, die Welt könne auch einmal ohne mich weiterlaufen. Es ist ein sonderbares Ding, bekannte Liedermotive in Sonatenform hören zu sollen. Das Lied gehört, wie die ,Heimat' von Claus Groth, in Deiner Komposition für mich zu den schönsten poetischen Schöpfungen; über der Tiefe und dem Rührenden der Empfindung kann ich dabei Worte und Töne vergessen, die Empfindung verklärt sich da zu fast abstrakter religiöser Schwärmerei. Ob solche Lieder, in Worten und Tönen wirklich gesungen, je den Eindruck machen können, als wenn man sie langsam überliest oder sie auf dem Klavier andeutet und sich den Gesang dazu denkt? Es müßte ein wunderbarer Sänger sein, der dies Wunder zustande bringt! Es ist mir absolut unmöglich, mir vorzustellen, welchen Eindruck diese Sonate auf Menschen macht, die das Lied nicht ganz und voll wie eine Selbstschöpfung in sich haben. Mir ist die ganze Sonate wie ein Nachklang vom Liede, wie eine Phantasie über dasselbe. Die beiden Spieler müssen sich dabei gegenseitig ganz durchdringen. Man muß mit geschlossenen Augen in Dämmerung zuhören. Der letzte Satz berührt mich bisher am tiefsten."[96]

Erkennbar wird daran, daß diese Motive für Brahms musikalische Gültigkeit besaßen, was Groth, dessen Gedicht Textgrundlage dieses Liedes war, im besonderen Maße freute. „Geistig sind Sie täglich bei uns, kaum ein Tag, an dem nicht von Ihren Liedern gesungen werden, noch gestern sang meine Frau u. a. Ihre ,Regentropfen'; wir sind ganz entzückt von der Komposition meiner Textesworte."[97]

Ebenso im Januar 1874: „Ob wir recht haben, weiß ich nicht, wenn wir die zwei Regenlieder am höchsten stellen, ja mit auf die höchste Stufe der Leiter Ihrer Lieder. Doch auch die zweite

Komposition zu den Worten: Walle Regen etc. finden wir zu schön zum Zurücklegen und hoffen sie dem Publikum übergeben zu sehen (. . .)."[98]

Als schließlich Brahms die Veröffentlichungen der Lieder op. 63 – mit Texten von Groth – vorbereitete, wandte er sich auf Anraten von Billroth an den Dichter.[99] Brahms suchte für die Vertonungen von „Wie traulich war das Fleckchen . . .", „O, wüßt ich doch den Weg zurück . . .", und „Ich sah als Knabe Blumen blühen . . ." einen gemeinsamen Titel. Groth schlug, um die häufig benutzten Begriffe „Heimweh" oder „Sehnsucht" nicht gebrauchen zu müssen, als Titel vor: „Aus dem Kinderparadies".[100] Wahrscheinlich war dieser Titel Brahms jedoch zu persönlich, denn er wählte den umfassenderen, wenn auch nicht ganz eindeutigen Titel „Heimweh" (I–III).

Doris Groth merkte in ihrem Brief vom Oktober 1874 – wie erwähnt – dazu an: „Wir sehen mit freudiger Erwartung Ihren neuen Liedern entgegen, mir sind diese drei Gedichte von Klaus besonders lieb, diese Sehnsucht nach einem ruhigen Glück ist in der Sehnsucht nach der Kindheit so schön ausgesprochen."[101]

Der briefliche und persönliche Kontakt der Groths mit Johannes Brahms war herzlich und anregend zugleich. Insbesondere die Vertonungen seiner Texte, die eine Reflexion eigener künstlerischer Ideen in einem anderen Medium und eine Interpretation durch einen anderen Künstler darstellen, waren Groth nicht nur eine ehrende Geste, sondern für die poetische Arbeit künstlerisch anregend. Musik war für Groth das Medium, das nach der Sprache und Literatur seinem Wesen am nächsten stand, anders als die bildende oder darstellende Kunst. Seine stark am Volkslied orientierte Lyrik sucht dessen Ton und Rhythmus aufzufangen in der Sprache, um sie in seine Dichtung stimmig einzubeziehen. Auch hierin berühren sich Johannes Brahms und Klaus Groth in ihrem Anliegen, „das Schöne zu machen".

Regenlied

Walle, Regen, walle nieder,
Wecke mir die Träume wieder,
Die ich in der Kindheit träumte,
Wenn das Naß im Sande schäumte;

Wenn die matte Sommerschwüle
Lässig stritt mit frischer Kühle
Und die blanken Blätter tauten
Und die Saaten dunkler blauten.

Welche Wonne, in dem Fließen
Dann zu stehn mit nackten Füßen!
An dem Grase hinzustreifen
Und den Schaum mit Händen greifen.

Oder mit den heißen Wangen
Kalte Tropfen aufzufangen
Und den neu erwachten Düften
Seine Kinderbrust zu lüften!

Wie die Kelche, die da troffen,
Stand die Seele atmend offen,
Wie die Blumen, düftetrunken
In den Himmelstau versunken.

Schauernd kühlte jeder Tropfen
Tief bis an des Herzens Klopfen,
Und der Schöpfung heilig Weben
Drang bis ins verborgene Leben. –

Walle, Regen, walle nieder,
Wecke meine alten Lieder,
Die wir in der Türe sangen,
Wenn die Tropfen draußen klangen!

Möchte ihnen wieder lauschen,
Ihrem süßen, feuchten Rauschen,
Meine Seele sanft betauen
Mit dem frommen Kindergrauen.

Brahms: op. 59, 3

KLAUS GROTH

Nachklang

Regentropfen aus den Bäumen
Fallen in das grüne Gras,
Tränen meiner trüben Augen
Machen mir die Wangen naß.

Wenn die Sonne wieder scheinet,
Wird der Rasen doppelt grün:
Doppelt wird auf meinen Wangen
mir die heiße Träne glühn.

Brahms: op. 59, 4

KLAUS GROTH

Mein wundes Herz verlangt nach milder Ruh,
O hauche sie ihm ein!
Es fliegt dir weinend, bange schlagend zu –
O hülle du es ein!

Wie wenn ein Strahl durch schwere Wolken bricht,
So winkest du ihm zu:
O lächle fort mit deinem milden Licht!
Mein Pol, mein Stern bist du!

Johannes Brahms: op. 59, 7

KLAUS GROTH

Dein blaues Auge hält so still,
Ich blicke bis zum Grund.
Du fragst mich, was ich sehen will?
Ich sehe mich gesund.

Es brannte mich ein glühend Paar,
Noch schmerzt das Nachgefühl:
Das deine ist wie See so klar
und wie ein See so kühl.

Johannes Brahms: op. 59, 8

KLAUS GROTH

Wie traulich war das Fleckchen,
Wo meine Wiege ging!
Kein Bäumchen war, kein Heckchen,
Das nicht voll Träume hing.

Wo nur ein Blümchen blühte,
Das blühten gleich sie mit,
Und alles sang und glühte
Mir zu bei jedem Schritt.

Ich wäre nicht gegangen,
Nicht für die ganze Welt! –
Mein Sehnen, mein Verlangen,
Hier ruht's in Wald und Feld.

Johannes Brahms: op. 63, 7

KLAUS GROTH

O wüßt ich doch den Weg zurück,
Den lieben Weg zum Kinderland!
O warum sucht ich nach dem Glück
Und ließ der Mutter Hand?

O wie mich sehnet auszuruhn,
Von keinem Streben aufgeweckt,
Die müden Augen zuzutun,
Von Liebe sanft bedeckt!

Und nichts zu forschen, nichts zu spähn
Und nur zu träumen leicht und lind,
Der Zeiten Wandel nicht zu sehn,
Zum zweiten Mal ein Kind!

O zeigt mir doch den Weg zurück,
den lieben Weg zum Kinderland!
Vergebens such ich nach dem Glück –
Ringsum ist öder Strand!

Johannes Brahms: op. 63, 8

Ich sah als Knabe Blumen blühn –
Ich weiß nicht mehr – was war es doch?
Ich sah die Sonne drüber glühn –
Mich dünkt, ich seh es noch.

Es war ein Duft, es war ein Glanz,
Die Seele sog ihn durstend ein.
Ich pflückte sie zu einem Kranz –
Wo mag er blieben sein?

Ich such an jedem Blümchen nach
Um jenen Schmelz, um jedes Licht,
Ich forsche jeden Sommertag –
Doch solche find ich nicht.

Ihr wußtet immer, was ich trieb?
Ich suchte meinen alten Kranz.
Er war so frisch, so licht, so lieb –
Es war der Jugendglanz.

Johannes Brahms: op. 63, 9

KLAUS GROTH

Klänge I

Aus der Erde quellen Blumen
Aus der Sonne quillt das Licht,
Aus dem Herzen quillt die Liebe
Und der Schmerz, der es zerbricht.

Und die Blumen müssen welken.
Und dem Lichte folgt die Nacht,
Und der Liebe folgt das Sehnen,
Das das Herz so düster macht.

Brahms: op. 66, 1

KLAUS GROTH

Klänge II

Wenn ein müder Leib begraben,
Klingen Glocken ihn zur Ruh,
Und die Erde schließt die Wunde
Mit den schönsten Blumen zu.

Wenn die Liebe wird begraben,
Singen Lieder sie zur Ruh,
Und die Wunde bringt die Blumen –
Doch das Grab erst schließt sie zu.

Brahms: op. 66, 2

KLAUS GROTH

Komm bald!

Warum denn warten
Von Tag zu Tag?
Es blüht im Garten,
Was blühen mag.

Wer kommt und zählt es,
Was blüht so schön?
An Augen fehlt es,
Es anzusehn.

Die meinen wandern
Vom Strauch zum Baum –
Mir scheint, auch andern
Wär's wie ein Traum.

Und von den Lieben,
Die mir getreu
Und mir geblieben,
Wärst du dabei.

Brahms: op. 97, 5

KLAUS GROTH

Im Herbst

Ernst ist der Herbst.
Und wenn die Blätter fallen,
Sinkt auch das Herz zu trübem Weh herab.
Still ist die Flur,
Und nach dem Süden wallen
Die Sänger, stumm, wie nach dem Grab.

Bleich ist der Tag,
Und blasse Nebel schleiern
Die Sonne wie die Herzen ein.
Früh kommt die Nacht:
Denn alle Kräfte feiern,
Und tief verschlossen ruht das Sein.

Sanft wird der Mensch,
Er sieht die Sonne sinken,
Er ahnt des Lebens wie des Jahres Schluß.
Feucht wird das Aug',
Doch in der Träne Blinken
Entströmt des Herzens seligster Erguß.

Brahms: op. 104, 5

KLAUS GROTH

Wie Melodien zieht es
Mir leise durch den Sinn,
Wie Frühlingsblumen blüht es
Und schwebt wie Duft dahin.

Doch kommt das Wort und faßt es
Und führt es vor das Aug',
Wie Nebelgrau erblaßt es
Und schwindet wie ein Hauch.

Und dennoch ruht im Reime
Verborgen wohl ein Duft,
Den mild aus stillem Keime
Ein feuchtes Auge ruft.

Johannes Brahms: op. 105, 1

98

KLAUS GROTH

Es hing der Reif im Lindenbaum,
Wodurch das Licht wie Silber floß;
Ich sah dein Haus, wie hell im Traum
Ein blitzend Feenschloß.

Und offen stand das Fenster dein,
Ich konnte dir ins Zimmer sehn –
Da tratest du in den Sonnenschein,
Du dunkelste der Feen!

Ich bebt, in seligem Genuß,
So frühlingswarm und wunderbar:
Da merkt ich gleich an deinem Gruß,
Daß Frost und Winter war.

Johannes Brahms: op. 106, 3

„Ich nenne Sie natürlich immer unsern Landsmann":

Brahms und das Schleswig-Holsteinische Musikfest

„Brahms' Lieder sind die Krone der Pyramide Beethoven, Schubert, Schumann", so schrieb Doris Groth am 24. April 1873 an Johannes Brahms[102] im „regsten Interesse für den großen Komponisten und lieben Mann".

Und Klaus Groth schrieb 1872 nach dem Tode von Johann Jakob Brahms an den trauernden Freund mit Bezug auf die kompositorische Arbeit:

„Ihren Mut lassen Sie sich nicht beugen. Gern gönnte ich Ihnen glänzende Anerkennung auch der Masse, es hebt und trägt. Wer weiß, wie schnell die kommen kann. Ich meine nicht die bekannte ‚ullmannsche‘, sondern die innige, die halb schweigt, halb ruft, aber warm macht. Für die Ewigkeit brauchen Sie nicht zu sorgen. Solange man berühmte Musikernamen mit B anfängt, wird Ihrer mit dabei sein."[103]

Diese enthusiastische Bewunderung beschränkte sich nicht auf lobende Äußerungen über die Werke von Brahms, sondern drückte sich bei Klaus Groth auch in Bemühungen aus, den Freund zu Konzerten nach Kiel einzuladen oder zur Übernahme von Konzerten zu bewegen.

In dem Briefwechsel zwischen Brahms und Groth findet sich mehr als einmal eine Stelle, wie die folgende, in der Groth dem Freund ein Konzert in Kiel nahelegt:

„Lieber Freund! Buchhändler Friedrichs (mein Ullmann hier) sagte mir gestern: Können Sie denn gar nicht Brahms und Stockhausen einmal herzaubern? Wenn sie im Anfang Oktober die Saison hier eröffneten, so könnten sie in Kiel in Einer Woche zwei Konzerte geben, wir könnten ihnen 400 Thlr. garantieren, sie würden mehr haben. Geht's nicht? Wir sehnen uns so sehr nach Ihnen. Hamburg, Lübeck, Flensburg... Lockt es Sie nicht?"[104]

Darüber hinaus gibt es Belege dafür, daß Groth sich nicht nur mit zwei Veröffentlichungen in der Zeitschrift „Die Gegenwart" 1897 (den „Musikalischen Erlebnissen" – die Brahms noch kurz vor seinem Tode kritisch las – und den bewegenden „Erinnerungen an Johannes Brahms") für den Komponistenfreund schriftlich einsetzte.[105] Seine Scheu, im musikalischen Bereich nicht in gleicher Weise versiert zu sein wie im literarischen, hielt Groth davon ab, über Brahms und seine Musik zu schreiben. Anläßlich der Aufführung des c-Moll Quartetts, op. 51, 1, [Kiel: 17. Oktober 1874] bemerkt Klaus Groth in einem Brief an Brahms:

„Es ärgert mich, daß ich bei solcher Gelegenheit nicht das Wort finde, etwas Ordentliches über Sie zu schreiben."[106]

Nur einmal hatte Groth die Gelegenheit genutzt, in einem langen Aufsatz auf Brahms einzugehen. Bei der Besprechung eines Sammelbandes mit Aufsätzen des Musikpädagogen Carl G. P. Grädener ließ Groth einen Auszug aus diesem Buch abdrucken. Grädener ging in seinem Essay auf das Streichsextett Nr. 1 op. 18 ein. Wenn sich schon Groth nicht in der Lage sah, selbst über Brahms zu schreiben, so hatte er durch diesen Auszug die Möglichkeit, in der Kieler Zeitung ausführlich auf den Komponisten aufmerksam zu machen. Einführend schrieb Groth zu diesem Abdruck:

„Aus dem Essay Nr. X, betitelt Anhang, erlaube ich mir einen kleinen Abschnitt vollständig mitzuteilen. Er betrifft Johannes Brahms, also einen halben Landsmann von uns, und seine damalige Hauptcomposition, das Sextett (1867), und berührt einen dichterischen Landsmann, Friedrich Hebbel. Die freundliche Seite in dem unabhängigen Wesen des Verfassers [Grädener] tritt darin, ich möchte sagen, rührend zu Tage. Es ist allerdings nur ein wohlverdientes Lob über diesen größten Componisten neuerer Zeit. Seit Brahms sein deutsches Requiem geschrieben (1869) und eine ganze Reihe herrlicher Lieder und Gesänge wird darüber unter Kennern kaum mehr ein Zweifel sein. Aber seine eigentlichen Verehrer bilden in dieser lauten Zeit doch nur eine verhältnismäßig kleine stille Gemeinde. Denn Brahms gehört eben zu den wenigen Koryphäen, die – unbekümmert um das gegenwärtige Geschlecht, gleichgültig, ob der Lorbeer noch die eigne Stirn zieren werde – Denkmäler für die Ewigkeit schaffen. [Sic!] Brahms verschmäht es, was viele andere lärmende Größen thun und nicht scheuen, dem Publicum zu schmeicheln oder das Publicum zu bestürmen. Sogar seine eigne große Vaterstadt hat nicht seinen Werth begriffen und ihn zu halten und zu lohnen versucht. Wie früher Friedrich Hebbel, so gewährt auch ihm das lebhafte Wien Raum und Anerkennung, hoffentlich auch Brod und Muße, damit er nicht auch stolz zu klagen habe, (. . .) und die Welt um eine Reihe unsterblicher Werke betrogen werde."[107]

Die Bemühungen von Groth um Anerkennung für Brahms und dessen Werk beschränkten sich nicht nur auf die Anregung, Werke von Brahms in Schleswig-Holstein bzw. speziell in Kiel spielen zu lassen, oder seinen schriftstellerischen Einsatz. Bedeutend erscheinen in diesem Zusammenhang die Aktivitäten von Klaus Groth für das Schleswig-Holsteinische Musikfest.

In der Folge der Reichsgründung 1871, die Groth und Brahms in gleicher Weise begrüßten, bemühte sich die preußische Regierung um stärkere Einbindung des Landesteiles Schleswig-Holstein in das Deutsche Reich.

Durch Verbesserung der Infrastruktur, Straßen- und Schienenbau veränderte sich die Regionalwirtschaft mit ihrem Schwergewicht auf agrarische Produkte, die im Lande aufgrund der Eigenständigkeitsbestrebungen gegenüber der dänischen Krone bestanden hatten, in eine überregionale Zulieferwirtschaft, z. B. im Bereich des Schiffbaus. Das brachte für viele bäuerliche und handwerkliche Kleinbetriebe den Ruin, in der Summe aber schufen die staatlichen Eingriffe einen Aufschwung für das Land. Parallel dazu versuchte der Schleswiger Regierungspräsident Carl Hermann Bitter, ein „Schleswig-Holsteinisches Musikfest" ins Leben zu rufen, damit dieser Landesteil nun auch kulturell stärker an das Deutsche Reich gebunden werde.

Über das Schleswig-Holsteinische Musikfest ist wenig

Fest-Führer

für

das erste

Schleswig-Holsteinische Musikfest

in

Kiel.

1875.

Druck von A. F. Jensen.

Willkamen

to't eerste Schleswig-Holsteensche Musikfest

an Alle ut't düütsche Rik.

Wo wit de See un flach dat Land,
Wo de Möven schriegt an'n Meeresstrand
Bi Wind un Storm, in't Holstenland,
Mank swiegsam Lüden:
Sünd dar ok Sängers noch bekannt
Bun'n warmen Süden?

„Wenn't Water still und blau un schön,
Wenn de Böken un de Wischen grön,
Denn kamt de Drosseln un de Spreen
Bi uns to singen,
De Nachtigalen hört man ween'n,
Un de Wälder klingen."

Doch wenn se swiggt de Nachtigal,
De Kukuk un de Lerchenschall,
Denn ward 't in't Holt un owerall
Doch still un trurig,
Denn brust de See, un de Wedderhall
Mak't denn wul schurig.

„Dat is nich Holstenland un Art,
Gesang de levt bi uns in't Hart.
Denn's jüs de Tid, wo't klingen ward,
Wo frisch, wo selig
De Sängers uten Land sik schaart
Un singt eerst fröhlich."

Willkamen also! Noch is't grön,
Dat's weerth uns Holstenland to sehn!
Sung ok de Nachtigal so schön:
Wat Ji uns bringt
Is eerst Musik, de Lengn un Sehn'n
Bun'n Harten singt.

Sitt wi ok hoch in't Norn, ann Rand
Bunt Rik, dat rechte Sängerland,
Wi heeten langtids „stammverwandt,"
Un heeln tosamen,
Un ropt nu ot mit Hart un Hand:
Willkamen, willkamen!

Klaus Groth.

bekannt. Um eine Vorstellung von dieser Institution zu vermitteln, wird ausführlich aus der zeitgenössischen Presse zitiert. Anläßlich des Dritten Schleswig-Holsteinischen Musikfestes 1885 berichtete die „Kieler Zeitung" rückblickend von den Bemühungen, diese Veranstaltungsreihe aufzubauen.

„Gerade 10 Jahre sind seit der Gründung der vom Herrn Regierungspräsidenten Bitter in's Leben gerufenen ‚Schleswig-Holsteinischen Musikfeste' vergangen. Der Zufall hatte es gefügt, daß das diesjährige Fest genau an denselben Tagen [28./29. Juni 1885] wie vor 10 Jahren abgehalten werden konnte.

Außer den 1839 begonnenen, aber schon 1845 wieder aufgegebenen ‚Norddeutschen Musikfesten', denen erst 1884 ein Musikfest in Hamburg folgte – ferner den 1860 gegründeten ‚Mecklenburgischen', bietet der Norden unseres Vaterlandes keine in regelmäßigen Zwischenräumen stattfindende Unternehmungen wie diese seit 1818 die Rheinlande und seit 1876 Schlesien besitzen. Auch die mit großer Willenskraft begonnenen ‚Schleswig-Holsteinischen' Musikfeste wären sicher nach dem zweiten derselben (1878) wieder selig entschlummert, (das in Lübeck 1881 abgehaltene Fest war keine Fortsetzung) wenn sich nicht einige gleichgesinnte, kunstbeflissene Männer, denen das Erblühen der musikalischen Kunst in ihrem Lande am Herzen liegt, vereinigt hätten das Begonnene weiter zu führen.

Wer mit den Musikzuständen der beiden Provinzen näher vertraut ist, kennt die großen Schwierigkeiten, mit denen das Arrangement eines derartigen Festes speziell in ‚Schleswig-Holstein' zu kämpfen hat. Schleswig, woselbst vor dem Jahre 1848 unter Bellmann eifrig Musik getrieben wurde, ging besonders durch die Kriege wieder in künstlerischer Beziehung zurück, bis 1869 der damalige Domorganist Stange in erfreulicher Weise einen Aufschwung schuf wie dies ähnlich von Fromm in Flensburg geschehen. In den kleinern Städten Rendsburg, Neumünster, Eutin, Ratzeburg, Plön, Glückstadt etc. gedieh der Chorgesang erst im letzten Dezennium erfreulich weiter und so durfte man, eingerechnet der choristischen Betheiligung Lübeck und Altona's dem diesjährigen Feste vertrauensvoll entgegensehen."[108]

Bereits beim ersten Schleswig-Holsteinischen Musikfest 1875 gehörte Klaus Groth zu den Organisatoren in Kiel. Er hatte die Idee, durch die Anwesenheit von Brahms dem Fest besonderen Glanz zu verleihen. An Brahms schrieb Groth in diesem Zusammenhang:

„Präsident Bitter (Bach-Bitter) unternimmt im Juni oder Juli 1875 ein erstes großes Schleswig-Holsteinisches Musikfest aufzuführen in Kiel von den Gesangsvereinen von Schleswig, Rendsburg, Kiel (Direktor aller drei Organist Stange in Schleswig), Plön, Eutin (Stiehl), Altona (Gurlitt?). Ich bin in Kiel Mitglied des Lokalkomitees. Wir Mitglieder haben über *Musik* dabei nichts zu sagen, das macht Bitter. Man sagt, Carl Reinecke soll dirigieren, Joachim werde mit Frau kommen und mitwirken. Ich wühle nun im Untergrund, daß man von Ihnen etwas aufführe und Sie berufe. Ich nenne Sie natürlich immer unsern Landsmann.

Ob ich gegen Bitter etwas ausrichten werde, weiß ich noch nicht. Vorläufig muß ich Sie aber fragen und Sie müssen mir schreiben, ob Sie kommen werden, *wenn man Sie ruft?*"[109]

Die Scheu von Brahms vor öffentlichen Ehrungen ist bekannt, und so verwundert es zunächst nicht, daß Brahms die Anfrage von Groth ablehnt:

„Januar 75.

Lieber Freund, nächstens schreibe ich – aber ich möchte doch vorläufig danken für Ihre lieben Briefe und Sie nicht im Ungewissen lassen des Musikfestes wegen. Sie und unsre beiderseitigen Wünsche aus dem Spiel lassend, sage ich nämlich, daß ich mich sehr schwer und ungern auf Musikfeste und überhaupt auf Konzerte einlasse. Arbeiten Sie also hübsch in Ihrem Departement weiter und machen keine Revolution, ich komme nicht."[110]

Über die Gründe, warum die Musikfeste in Schleswig-Holstein zunächst nicht mit der erhofften Regelmäßigkeit stattfanden, gibt die Presse der Zeit kaum Auskunft. Als Mitglied des Organisationskomitees hatte Groth natürlich einen besonders guten Einblick in die Gegebenheiten und Strukturen. Ebenso, wie er versucht hatte, Brahms nach Kiel für eines der Feste zu holen, so unterbreitete er vergleichbare Angebote auch der befreundeten Sängerin Hermine Spieß. Im Juni 1885, also anläßlich des Dritten Schleswig-Holsteinischen Musikfestes, lud er die Freundin ein, ohne ihr allerdings ein einträgliches Honorar in Aussicht stellen zu können, weil man sparen mußte. Die Hintergründe für die gegebene Situation legte er in einem Schreiben an sie ausführlich dar:

„Das erste Schleswig-Holsteinische Musikfest wurde von dem damaligen Oberpräsidenten, späteren Finanzminister Bitter, dem bekannten Musikschriftsteller unternommen. Es war ein kühnes Unternehmen und ohne ihn nicht gewagt worden. Dafür müssen wir ihm dankbar sein. Mir persönlich war es unsympathisch, daß die Sache in Beamtenhände geriet und die üblen Folgen zeigen sich noch. Bitter brauchte eine Anzahl williger Männer im ganzen Lande, meist Beamte, er bildete aus ihnen einen Landesausschuß und dieser besteht noch und duldete nicht, als wir Kieler diesmal selbständig das Fest arrangieren wollten. Von ihm hängt noch die Hauptsache ab. Nun war beim zweiten Musikfest [1878] ein solches Defizit entstanden, daß, mit Recht, die erste Maßregel gewesen, für diesmal möglichst zu sparen; denn wenn diesmal Schulden gemacht werden, so sind die Schleswig-Holsteinischen Musikfeste begraben. Gelingt es diesmal, so sind wir geborgen und haben für das nächste Mal freiere Hand.

Der Landesausschuß also hat, mit den Rechnungen des letzten Festes in der Hand, die Ausgaben bis ins Detail hinein beschränkt und bestimmt und den einzelnen Komitees, z. B. für Einrichtung und Ausschmückung des Festlokals, für Festlichkeiten, dem Komitee für das eigentliche Musikalische, Anschaffung von Noten, Honorar für hiesige und fremde Musiker, sowie für die Vokal-Solisten die Summen festgesetzt, die nicht überschritten werden dürfen.

Es sind Opfer, die diesmal den Chören, deren Dirigenten, den Musikern und Sängern, sowie auch nicht weniger uns, den Komitee-Mitgliedern zugemutet werden, Opfer für eine für uns große Sache von weittragenden Folgen. Wir Heimische bringen sie aus Pflichtgefühl, Fremden, der Sache ferner Stehenden können und dürfen wir sie nicht zumuten, wenn sie ihnen zu schwer erscheinen."[111]

Dieser Bericht Klaus Groths beleuchtet eindrücklich, wie die Situation des Musikfestes 1885 war. Trotz aller dieser Vorbehalte wurde das Feste 1885 ein großer Erfolg. Trotz der schwierigen finanziellen Situation, die Groth seiner Freundin Hermine Spieß dargestellt hatte, kam die Sängerin nach Kiel und wurde besonders gefeiert.

Gegeben wurde u. a. im Gedenken an die Hundertjahrfeiern Bachs und Händels die Kantate „Sie werden aus Saba alle kommen"; die D-Dur-Suite von Johann Sebastian Bach, das Oratorium „Josua" von Georg Friedrich Händel und die 9. Symphonie von Ludwig van Beethoven. Neben den Sängern Alvary und Lißmann und der Sopranistin Müller-Ronneburger wurde besonders Hermine Spieß in den Zeitungsmeldungen hervorgehoben, von der gesagt wurde, sie verlieh „jedem ihrer Vorträge eine künstlerische Abrundung, die für ihre seelische Versenkung in den Gedankengang des Tonwerkes ein beredtes Zeugniß ablegte".[112]

Zuvor aber hatte sich die Sängerin in Hinblick auf das Musikfest um Brahms bemüht. Sie hatte gehofft, wenigstens ein neues Werk des Wiener Freundes in Kiel singen zu können. Im Juni 1885 hatte ihr Brahms in einem Brief das Manuskript einer neuen Vertonung eines Groth-Textes gesandt. Das Lied „Komm bald" (op. 97,5) hatte Brahms für Hermine Spies komponiert und ihr vorgeschlagen, es während des bevorstehenden Musikfestes zu singen. Er hatte auf diese Weise auch Klaus Groth überraschen wollen. Jedoch war es den Organisatoren des Musikfestes nicht möglich, das Lied in eines der Programme aufzunehmen.[112a]

„In Kiel wird", so schrieb die Kieler Zeitung am 28. Juni 1885 in ihrer Morgenausgabe, „in den nächsten 5 Jahren sicher keine Gelegenheit sein, etwas Herrlicheres zu hören, und vielleicht wird es 10 Jahre dauern, ehe es gelingt, wieder ein Musikfest zu Stande zu bringen."

Es sollte nicht zehn Jahre dauern. Das nächste Musikfest wurde bereits 1889 abgehalten. Wiederum versuchte Groth, seinen Freund Brahms anzuregen, nach Kiel zu kommen, wenn er am 27. Mai 1889 schrieb:

„Daß Du am 23.–24. Juni zum S-H Musikfeste kommst, ist mir nicht wahrscheinlich, doch halte ich für alle Fälle Deine Dir bekannten Zimmer für Dich bis zur Entscheidung bereit."[113]

Brahms kam nicht nach Kiel, ihn zog es nach Ischl, um u. a. an den Motetten op. 110 zu arbeiten. Die Sommerfrische wurde dem Komponisten ohnehin beschnitten, da man ihn zur Verleihung der Ehrenbürgerwürde im September bereits in Hamburg erwartete.

Elf Jahre nach dem triumphalen Erfolg der 2. Symphonie in Hamburg erlebte das Werk eine ähnlich enthusiastische Aufnahme beim 4. Schleswig-Holsteinischen Musikfest unter Franz Wüllner. Die Kieler Zeitung würdigte in einem langen Artikel nicht nur die Arbeit von Franz Wüllner, sondern feierte auch Brahms, als einen der bedeutendsten, lebenden Komponisten der Zeit, auch wenn zeitgenössische Einschätzungen und Fehlbeurteilungen herauszuhören sind:

„Die achtbaren Werke der Lebenden müssen zu ihrem Rechte gelangen und zwar vor* einem Forum begeisterter Musikfreunde, denen die Kunst Alles ist und dem jede kleinliche Rücksicht fernliegt. Dieser Einsicht hat man sich bei uns keineswegs verschlossen und deshalb als Einleitung des ersten Konzertes eine Brahms'sche Symphonie gewählt, also eine Komposition des größten, augenblicklich noch lebenden deutschen Tonsetzers. Dafür halten ihn selbst die Anhänger** der neudeutschen Richtung, die seinen tiefsittlichen Ernst anerkennen müssen. Er nimmt seinen Standpunkt auf den systematischen Prinzipien musikalischer Form und ist der hervorragendste Epigone Schumanns, von dessen Rockschößen man ihn nur mit Mühe wird reißen können. Seine zweite Symphonie, eine der interessantesten unter den bekannten vier, welche zuerst am 24. Dezember 1877 in Wien zur Auffürung gelangte, spiegelt so recht die Eigenheiten Brahms'scher Musik wieder. Nicht all ihre

---

* als Druckfehler in der Zeitung: „von"
** als Druckfehler in der Zeitung: „Anfänger"

Schönheiten enthüllen sich sogleich dem profanen Auge. Man muß sich durch oftmaliges hören in den Geist der Komposition versenken, und sich muthig nach langem Ringen bis zur Klarheit hindurch arbeiten. Das gilt beispielsweise für den zweiten Satz des Adagio non troppo, dessen erstes langathmiges Thema und seine weitere Verarbeitung uns einleuchten, der aber gegen den Schluß an mystischer Tiefe zunimmt. Der erste Satz des Allegro ist von wunderbarer Schönheit, er heimelt den Hörer geradezu an, um ihn nach Offenbarung einer Fülle musikalischer Gedanken gegen den Schluß in ein wahrhaftes Entzücken zu versetzen. Das Allegretto gracioso Presto, ma non assai (dritter Satz) gehört zu dem Lieblichsten, das die deutsche Musik bietet. In seiner heiteren Freundlichkeit erinnert es an Haydn, so sehr labt es unser Herz. Das einleitende Pizzicato der Celli, das die erste Melodie umspielt, ist von graziöser Anmuth, das später folgende rapide Presto von geradezu packender Leidenschaftlichkeit, wie wir sie aus den ungarischen Tänzen von Brahms kennen. Diesem Orchestersatze folgte rauschendster Beifall, der nachhaltiger kaum dem stürmisch bewegten Finale zu Theil wurde. Jubelnd und siegreich mit großartigem Wurfe klingt die Symphonie im Allegro con spirito aus, dessen rechtes Verständniß uns erst durch das Musikfest eröffnet worden ist. Man hatte guten Grund für die Gewinnung der Hörer Brahms zu wählen, ist seine Geist- und Sinnesart doch beiden Dirigenten besonders vertraut. Prof. Stange gilt schon seit Jahren als der berufenste Interpret Brahms'scher Musik und Prof. Dr. Wüllner ist am Rhein Brahms' begeistertster Apostel. Er hat auf dem 66. Niederrheinischen Musikfest dessen 1. Symphonie in B-Moll zu Ehren gebracht, er verhalf bei uns der zweiten zum Triumphe. Mit geradezu rührender Sorgfalt hatte Wüllner die Proben geleitet. Mit einem aus allen Gauen Deutschlands zusammengeströmten Orchester, dem freilich als Grundstock die getreuen Hannoveraner dienten, versuchte er die Ausarbeitung musikalischer Feinheiten, wie sie sonst nur lange gemeinsame Arbeit möglich macht. Er wollte mehr sein als der Dirigent dieses großen, aus mehr als 80 Musikern bestehenden Orchesterkörpers, er wollte etwas von seinem Geiste auf denselben übertragen, dem Feste den Stempel seiner eigenen, genialen Individualität aufdrücken."[114]

Begeistert von dem Konzerterlebnis telegraphierte ein großer Kreis von Brahms-Liebhabern an den Komponisten nach Ischl:

„Dr. Johannes Brahms
Bad Ischl, Salzkammergut.

Unter den erhebenden Eindrücken seiner eben gehörten zweiten Symphonie senden die Freunde und Bewunderer dem großen Meister ihre herzlichsten Grüße und Dank vom vierten Schleswig-Holsteinischen Musikfest in Kiel.

Franz Wüllner. Klaus Groth. Amalie Joachim. Stange. Fromm. Bürgermeister Fuß. [Rochus v.] Liliencron. Arnold Krug. von Holten. Niepa. J. Böie. Fr. Witt. Lißmann. H. Brandt. Prof. Müller. C. Stiehl. Pia von Sicherer. Isidor Seiß. Franke. Ladenburg. Carl Groth und Andere."[115]

Beglückt sandte Brahms am gleichen Tag ein Telegramm zurück:

„Ischl, 24. 6. 1889

Mit meinen Gedanken herzlich dort wurde ich durch Euren Gruß überaus erfreut. Johannes Brahms."[116]

So wurde das Vierte Schleswig-Holsteinische Musikfest 1889 ein weiteres „Brahms-Fest". An den Freund Theodor Thomsen schrieb Groth am 7. Juli 1889:

„Das Musikfest war schöner, als die ‚Kieler Z[eitung]', es beschrieb. [. . .] Frau Joachim blieb bis Mittwoch auf Bellevue, lud mich mit Carl auf Sonntag ein, wir sie auf Dienstag abend mit Bürgermeisters, Stange und Lizzie. Sie sang ein halb Dtzd. Brahms, schöner als je. Wir schrieben ihm eine Postkarte:

Da Du zu unserem Fest nicht kamst,
So haben wir allein gebrahmst.
Nun trinken wir und denken Dein
Allhier Klaus-Groth-Platz No. 1."[117]

Johannes Brahms nahm, wie sich mit diesen Darstellungen zeigt, nicht nur im Leben von Klaus Groth eine zentrale Stelle ein, sondern hatte auch im Musikleben Schleswig-Holsteins einen besonderen Grad der Anerkennung und des Interesses erworben. Die Beziehungen zu Schleswig-Holstein sind damit deutlich nicht nur auf der biographischen Ebene zu suchen, sondern haben auch einen wichtigen Stellenwert im kulturellen Leben dieses Landesteiles. So wie die Aufführungen der Werke von Brahms eine intensive Beschäftigung mit dem Komponisten förderten, im gleichen Maße trug Brahms durch die Vertonungen schleswig-holsteinischer Dichter deren Werke in die musikalische Welt. Über alle persönlichen Vorlieben und Erinnerungen des Komponisten hinaus nimmt Schleswig-Holstein damit im Leben, dem Werk und der Wirkungsgeschichte von Johannes Brahms einen nicht zu unterschätzenden Platz ein.

Anmerkungen

1 Vgl. hierzu Pauls S. 7
2 Schumann S. 175 ff.
3 Zitiert nach: Gal S. 13
4 Vgl. Kross S. 51 f.
5 Eugenie Schumann S. 14f.
6 Vgl. Geiringer 214 ff.
7 Zitiert nach: Geiringer S. 86 ff.
8 Miesner S. 40
9 Widmann S. 47 f.
10 Vgl. Geiringer S. 215
11 Pauls S. 59
12 Pauls S. 72
13 Vgl. Miesner S. 31
14 Kieler Zeitung vom 5. November 1872, vgl. auch Pauls S. 73
15 Pauls S. 92
16 Geiringer S. 136
17 Geiringer S. 144
18 Kalbeck Bd. 3, S. 223
19 Pauls S. 97
20 Miesner S. 39
21 Pauls S. 85
22 Vgl. Miesner S. 40 f.
23 Vgl. Pauls S. 133 f.
24 Pauls S. 140
24a Sannemüller, S. 27 u. 26
25 Zitiert nach: Mies S. 9
26 Pauls S. 83
27 Pauls S. 86 f.
28 Pauls S. 89
29 Kross S. 181
30 Vgl. hierzu S.
31 Vgl. Miesner S. 64, s. auch Pauls S. 68 f.
32 S. Miesner S. 64
33 Pauls S. 117
34 Ebenda
35 Kross S. 421 f.
35a Abdruck in: H. W. Rath (Hrsg.): In memoriam Detlev von Liliencron, Briefe. Frankfurt: 1909
36 Brahms an den Verleger Fritz Simrock, 24. September 1888:
   „Wenn die neuen Sachen [Ausgaben der Lieder op. 105 und op. 107] fertig sind, möchten Sie wohl an die betreffenden Dichter Exemplare besorgen? ... an Liliencron bitte ich Groth um Besorgung anzugehen."

Entsprechend finden sich Passagen im Briefwechsel von Brahms mit Groth: „Kannst Du mir die Adresse des Herrn Detlev v. Liliencron mitteilen? Oder darf Simrock Dir Lieder für ihn schicken?" fragt Brahms am 21. September 1888 bei Groth an, worauf Groth antwortet: „Übrigens kann Simrock mir gern die Lieder für ihn [Liliencron] mitschicken, ich schreibe ihm dann einige freundliche Worte dabei, (...)" Pauls S. 126

36a Zitiert nach: Jean Royer: Klaus Groth und Detlev von Liliencron. In: Jahresgabe der Klaus-Groth-Gesellschaft. Heide: 1972, S. 53

37 „Detlev von Liliencron an Wilhelm Friedrich, Ottensen, 23. Oktober 1891: „Vorgestern sang [Eugen] Grua [1842–1906] Lieder von mir (von Brahms komponiert) in einem Konzert (6 Mark erster Platz). Natürlich hatt ich nicht das Pferdebahngeld selbst. Hörte es also nicht."
Zitiert nach: Detlev von Liliencron: Flußabwärts singt eine Nachtigall. Berlin: 1967, S. 286.

38 Theodor Storm an Emil Kuh, Hademarschen 21. August 1873:
„... mit meiner ältesten Nichte, die zur Belohnung ihres Fleißes ein Jahrlang das Leipziger Konservatorium hat besuchen dürfen, wird dann und wann musiziert; wir spielen jetzt die Tanzlieder von Joh. Brahms zu 4 Händen."
Zitiert nach: Streitfeld, Erwin: Th. Storm – Emil Kuh. Briefwechsel. Masch Ms. Graz. Br.: 15,6

39 Husum, 26. Oktober 1873
„Der Winter klopft an die Tür; ich habe meinen Gesangsverein wieder in Gang gebracht (16 Sopran, 12 Alt und 8 Tenor, 8 Baß), wir singen mit großem Vergnügen oder üben vielmehr die ‚Liebeslieder' von Johannes Brahms ..."
Zitiert nach: Theodor Storm – Briefe. Weimar/Berlin 1984. Bd. 2, S. 73

40 Vgl. Pauls S. 63 und S. 77

41 Litzmann, Berthold (Hrsg.): Clara Schumann – Johannes Brahms. Briefe aus den Jahren 1853–1896. Leipzig 1927

42 Zitiert nach den Tagebüchern von Hebbel, Eintragung Nr. 25

43 Zitiert nach den Tagebüchern von Hebbel, Eintragung Nr. 4082

44 Hebbel, Friedrich: Die einsamen Kinder. In: Iduna (1835/36):

45 Der Lehrbrief lautet:
„Ich Theodor Müller privilegirter und bestallter Musicus zu Wesslingburen in der Landschaft Norderdithmarschen attestire hiemit, daß Johann Brahmst aus Heide drei Jahre nach dem Stadt=Musicus in Heide und zwei Jahre bey mir in der Lehre gestanden, um die Instrumental=Music zu erlernen. Da sich nun erwähnter Johann Brahmst während der Lehrzeit treu, wißbegierig, fleißig und gehorsam gegen mich bezeuget hat, so erkläre ich hiemit seine Lehrjahre für überstanden und geendet, und spreche ihn deshalb frey und loß. Ich zweifle nicht, es werden nicht allein Kunstverwandte, wie auch alle andern, denen dieser offene Brief vorgezeigt wird, meinem auf Wahrheit gegründeten Zeugnisse völligen und guten Glauben beimessen, sondern auch benannten Johann Brahmst in der Hinsicht alle Unterstützung und ein geneigtes Wohlwollen zufließen lassen, es sey in oder außerhalb Diensten, welches in ähnlichen Fällen zu erwiedern für schuldig erachte. Zur Urkunde dessen habe ich diesen Lehrbrief nebst erbetenen Zeugen unterschrieben und ausgehändigt. – So geschehen Wesslingburen den 15. Dezember 1825. Theodor Müller als Lehrherr."
Zitiert nach Kalbeck Bd. I S. 4 f.

46 Friedrich Hebbel: Meine Kindheit. Berlin: 1985, S. 37
47 Kralik, Dietrich und Fritz Lemmermayer: Neue Hebbel-Dokumente. Leipzig/Berlin 1913. S. 12
48 Eugenie Schumann S. 247
49 Zitiert nach Hebbels Tagebüchern. Eintragung Nr. 1295
50 Geiringer S. 20 f.
51 Der Briefwechsel ist neu und ergänzt herausgegeben:
   Martin-M. Langner: Klaus Groth und Christine Hebbel in Briefen. Heide 1989
52 Stübing S. 335
53 Merbach S. 489 f.
54 Kalbeck Bd. 2, S. 375
55 Vgl. Bozarth S. 81, Anm. 6
56 Bozarth S. 84 f.
57 Bozarth S. 91
58 Bozarth S. 93
59 Stübing S. 183
60 Mehlem S. 333
61 Kalbeck Bd. I, S. 278
62 Pauls S. 102
63 Hartig S. 52–60
64 Kalbeck Bd. I, S. 277 f.
65 Fischer-Dieskau, Dietrich: Texte deutscher Lieder. Ein Handbuch. München 1980 5. Aufl., S. 309
66 Mc Corkle S. 539 f. Auf diesem Autograph steht mit Tinte in Brahms Handschrift: „Nich to snell un fin un söt."
   Mc Corkle erwähnt, S. 253, daß die Abschrift von dem Regenlied nur noch als Fotographie im Klaus-Groth-Museum vorläge. Die Abschriften der Brahms-Lieder liegen dort vor. Auf der Abschrift des Regenliedes steht ein Gruß von Brahms an Klaus und Doris Groth
67 Miesner S. 18 ff.
68 Miesner S. 41 f.
69 Pauls S. 78
70 Miesner S. 45
71 Vgl. Klaus Groth und Christine Hebbel in Briefen (vgl. oben Anm.: 51) S. 70–77
72 Vgl. die Eintragungen im Tagebuch von Doris Groth, S. 112–119
73 Mehlem S. 198
74 Billroth S. 202, Anm. 1. Vgl. auch Miesner S. 50
75 Billroth S. 212
76 Pauls S. 97
77 Miesner S. 39 f.
78 Miesner S. 51 ff.
79 Abdruck in: Pauls S. 144 ff.
80 Pauls S. 139
81 wahrscheinlich doch eher Wesselburen?
82 Pauls S. 141 f. Auch Miesner S. 35 f.
83 Mehlem S. 394
84 Hartig S. 67

85 Pauls S. 86
86 Pauls S. 90
87 Pauls S. 87
88 Vgl. Miesner S. 22
89 Pauls S. 63 f.
90 Pauls S. 65
91 Pauls S. 64
92 Pauls S. 68
93 Pauls S. 70
94 Pauls S. 77
95 Pauls S. 72
96 Billroth S. 283 f.
97 Pauls S. 73
98 Pauls S. 81
99 Billroth S. 212
100 Pauls S. 83 f.
101 Pauls S. 85
102 Pauls S. 75
103 Pauls S. 61
104 Pauls S. 71
105 Veröffentlicht zuerst in der Zeitschrift „Die Gegenwart", dann durch Heinrich Miesner
106 Pauls S. 87
107 Kieler Zeitung vom 2. Nov. 1872
108 Kieler Zeitung vom 29. Juni 1885 Nr. 10692 (Abend-Ausgabe)
109 Pauls S. 88
110 Ebenda
111 Pauls S. 156 f., Anm.: 163a
112 Kieler Zeitung vom 28. Juni 1885 Nr. 10691 (Morgen-Ausgabe)
112a Vgl. Sannemüller S. 33, auch Pauls S. 109
113 Pauls S. 128 f.
114 Kieler Zeitung vom 24. Juni 1889 Nr. 13130 (Abend-Ausgabe)
115 Ebenda
116 Pauls S. 130
117 Mehlem S. 335

Literaturverzeichnis

Bozarth, George S.: Synthesizing Word and Tone: Brahms's Setting of Hebbels „Vorüber". In: Brahms. Bibliographical, Documentary and Analytical Studies. Hrsg. Robert Pasacall. Cambridge 1983

Fischer-Dieskau, Dietrich: Texte deutscher Lieder. 5. Aufl. München 1980

Geiringer, Karl: Johannes Brahms. Sein Leben und Schaffen. Kassel/Basel/Tours/London 1974

Gottlieb-Billroth, Otto: Billroth und Brahms im Briefwechsel. Berlin/Wien 1935

Groth, Klaus: Das Leben Klaus Groths von ihm selbst erzählt. Hrsg. Joachim Hartig. Heide 1979

Groth, Klaus: Gesammelte Werke. Kiel/Leipzig 1893

Hartig, Elvira: Wohin das Herz uns treibt. Die Tagebücher der Doris Groth, geb. Finke. Heide 1985

Hebbel, Friedrich: Tagebücher. Hrsg.: Karl Pörnbacher. München 1984

Kalbeck, Max: Johannes Brahms. 4 Bd. Berlin 1904–1914

Kross, Siegfried: Die Chorwerke von Johannes Brahms. Berlin/Wunsiedel 1963

Liliencron, Detlev von: Flußabwärts singt eine Nachtigall. Berlin 1967

McCorkle, Margit: Johannes Brahms. Thematisch-Bibliographisches Verzeichnis. München 1984

Mehlem, Richard: Klaus Groth. Briefe aus den Jahren 1841–1899. Flensburg/Hamburg 1963

Mies, Paul: Johannes Brahms. Werk – Zeit – Mensch. Leipzig 1930. (Wissenschaft und Bildung 264)

Miesner, Heinrich: Klaus Groth und die Musik. Erinnerungen an Johannes Brahms. Heide 1933

Müller, Harro, und Norbert Mecklenburg: Theodor Storms Gedicht „Über die Heide". Versuch einer kritischen Interpretation. In: Schriften der Theodor-Storm-Gesellschaft 19. Heide 1970

Pauls, Volquart: Briefe der Freundschaft Brahms – Groth. Heide 1956

Rath, H. W. (Hrsg): In Memoriam Detlev von Liliencron. Frankfurt 1909

Sannemüller, Gerd: Die Lieder von Johannes Brahms auf Gedichte von Klaus Groth. In: Jahresgabe der Klaus-Groth-Gesellschaft. Heide 1972

Schumann, Eugenie: Erinnerungen. Stuttgart 1925. (= Musikalische Volksbücher. Hrsg.: Adolf Spemann und Hugo Holle)

Schumann, Robert: Gesammelte Schriften über Musik und Musiker. Leipzig 1854

Storm, Theodor: Briefe. Berlin/Weimar 1984. Bd. 2

Stübing, Adolf: Friedrich Hebbel in der Musik. Berlin 1913

Weidenmüller, Otto: Friedrich Hebbel und die Musik. In: Flensburger Zeitspiegel 3 (1913) Nr. 4, S. 19f

Widmann, J. Viktor: Johannes Brahms in Erinnerung. Berlin 1910

Anhang

Über die Geschichte des Brahms-Hauses in Heide

Lieder, die wir in der Türe sangen

Von HEINZ JOSEF HERBORT

„Wie traulich war das Fleckchen, wo meine Wiege ging", läßt Johannes Brahms „zart bewegt" in seinem op. 63,4 singen. Wer freilich „Schlüters Hof" unter dem „Specksgang 24" im Hamburger „Gängeviertel" noch gekannt oder auch nur im Brahms-Archiv der Hamburger Staats- und Universitätsbibliothek das Photo betrachtet hat von jenem sechsgeschossigen, knapp zehn Meter breiten Fachwerkhaus, das von 60 Menschen bewohnt wurde und in dem am 7. Mai 1833 das zweite Kind der Familie Brahms geboren wurde (handschriftlicher Vermerk von Brahms auf dem Photo: „erste Etage links"), mag schnell vermuten, daß der Vierzigjährige sich entweder schlecht an seine Wiegen-Zeit erinnerte oder eben dieses, „sein" Geburts-„Fleckchen", gar nicht meinte. Denn das war doch alles andere als traulich. Daß das Lied gar ein Beispiel jenes blanken Zynismus gewesen sei, mit dem sich derjenige rächt, der von seiner Vaterstadt, vielleicht auch wegen eben dieser „niederen Herkunft", für ein höheres Amt, das des „Generalmusikdirektors" nämlich, verschmäht wurde – diese Unterstellung wäre denn doch zu gewagt.

Vielleicht allerdings wußte der Komponist auch zu gut, daß der Beschreibung im Gedicht eher das „Fleckchen" des Textdichters entsprach, denn: das Geburtshaus von Klaus Groth stand wiederum nur einen Steinwurf weit neben jener Behausung, in der einst Brahmsens Vater gewohnt hatte und die dann, als der Herr Papa 1826 nach Hamburg zog, in den Besitz der Verwandtschaft überging. Zwar hat der Hamburger/Bonner

Musikwissenschaftler und Brahms-Forscher Kurt Stephenson mit ziemlicher Bestimmtheit vermeldet: „Nur ein einziges Mal ist Johannes auf Verwandtenbesuch nach Heide gekommen und dies als ‚kleinster Junge‘", dennoch darf man daran gelinde Zweifel anmelden. Darüber hinaus ist nur zu gut vorstellbar, daß Johannes Brahms im Verlauf der ersten sechseinhalb Jahre seines Lebens Johann Brahms, seinen Großvater väterlicherseits, häufiger zu Gesicht und ans Erzählen bekommen hat, der in dieser Stadt eine Gastwirtschaft betrieb (die Großmutter starb, als Johannes zweieinhalb Jahre alt war, an die wird er sich kaum haben erinnern können). Schließlich hat Klaus Groth selber einiges berichtet, das sich in jenen Jahren zu Beginn des 19. Jahrhunderts in Heide und speziell in seiner und der Familie Brahms zutrug. Johannes Brahms wird also gewußt haben, wie es in Heide aussah und speziell dort auf der Lüttenheid.

Etwas verwegener freilich wäre es, aus der Vertonung von Theodor Storms „Über die Heide" in op. 86,4 zu schließen, Brahms habe hier an den Ursprung des Namens der Ursprungsstadt seiner Familie gedacht; er habe sich darauf besonnen, daß dort 1434 die acht sozusagen auf einem Kreise liegenden Kirchspiele Weddingstedt, Tellingstedt, Albersdorf, Nordhastedt, Hemmingstedt, Wöhrden, Neuenkirchen und das etwas weiter außen vor liegende Lunden „op de Heyde tho Rüsdorpe" einen Vertrag mit seiner eigentlichen Vaterstadt Hamburg schlossen. Eher wird man akzeptieren wollen, daß eine große Zahl von naturverbundenen Chiffren, „Regen" etwa oder „Nebel", das (bei der Vertonung sogar verdoppelte) „schwarze Kraut" und der „leere" Himmel, aber auch die vielen „Blumen", die „Nachtigall", „de Bek, de löppt so gau to Mael" und „dat Rad, dat geit un mahlt" Erinnerungen beim Komponisten wachriefen, die weder von Pörtschach, Thun oder Baden, noch von Wien, nicht einmal von Hamburg sprechen konnten. Und wenn schließlich im dritten Satz der Violinsonate op. 78 das Kopfthema eines Liedes wieder aufgegriffen wird – op. 59,3; ein Manuskript dieser Vertonung des „Regenliedes" von Klaus Groth schenkte Brahms übrigens Clara Schumann zum 54. Geburtstag –, so darf man sich selbst bei der Aufführung der Sonate die letzten beiden Verse des

Liedes zitieren: „Walle, Regen, walle nieder, wecke meine alten Lieder, die wir in der Türe sangen, wenn die Tropfen draußen klangen!/Möchte ihnen wieder lauschen, ihrem süßen, feuchten Rauschen, meine Seele sanft betauen mit dem frommen Kindergrauen." Der Regen freilich könnte uns, wir Heutigen wissen es nur zu gut, präzise nach Hamburg verweisen. Vielleicht aber lenkt er sogar noch exakter, und das ist kein meteorologischer Anti-Tourismus-Affront, nach Heide: In seinen „Erinnerungen an Johannes Brahms" schreibt Klaus Groth: „Er war mit allem zufrieden, nur nicht immer mit unserem Wetter, worüber er mir verschiedene Male sagte und klagte: ‚Nein, Du, bei Euch regnet es doch immer.'"

Die Familie Brahms schrieb sich in früherer Zeit keineswegs so eindeutig: überliefert sind auch die Schreibweisen Brahmst, Braamst, Bramst, Brahm, Brahmes, Brahmß oder Brambst. Gleichviel ist sie zurück bis in die erste Hälfte des 17. Jahrhunderts im norddeutschen Küstenland nachweisbar, zunächst auf der Südseite der Elbmündung. Um das Jahr 1620 findet sich das Geschlecht der Brahms in Steinmarn, das zum Amt Ritzebüttel beim heutigen Cuxhaven gehört. 1696 läßt ein (vermutlich 1671 geborener) Daniel Brahmst, seit 1695 verheiratet mit einer Margreta, in Neuhaus an der Oste einen Sohn, 1699 eine Tochter taufen. Aus seiner dritten Ehe mit einer Anna Maria – er war viermal verheiratet und starb um 1715 – stammt ein Sohn Johann (der Ältere), der 1706 ein paar Kilometer weiter nordwestlich in Belum im heutigen Land Hadeln geboren wurde und sich 1742 als Gastwirt in Osterbruch niederließ. Daniel Brahmst selber zog um 1709 nach Otterndorf – seit dieser Zeit spricht die Forschung von einem „Otterndorfer Brahms-Stamm". Von Johann Brahmst hingegen wissen wir, daß er aus fünf Ehen zwölf Kinder besaß. Aus der zweiten (mit Elisabeth Ahrens) sind hier zwei Söhne von Wichtigkeit: der ältere Peter Hinrich und dessen jüngerer Bruder Johann Conrad. Mit diesen beiden teilt sich für die Brahms-Forschung der Stammbaum in eine „Belmermoorer" und eine „Ostermoorer" Richtung: Während die Linie des Peter Hinrich mit dem Tod des Komponisten Joh. Brahms ausstirbt, ist die Familie des Johann Conrad in den Elbmarschen zu finden.

Peter Hinrich und Johann Conrad mußten aus einer Not eine Tugend machen: Mehrere Sturmfluten hatten in den Wintern zwischen 1717 und 1721 das Land südlich wie nördlich der Elbmündung verwüstet (in der Literatur findet sich dafür mehrfach der Ausdruck „schreckliche Wasserzeit"); in den 40 Jahre später wieder eingedeichten Bereichen des Brunsbütteler „Neuen Koogs" aber wurden Handwerker gebraucht, also entschlossen sich die beiden Brüder um das Jahr 1770, auf die andere Stromseite „auszuwandern": der eine begann als Tischler im etwas westlicheren und höheren, der andere als „Arbeitsmann", also als Tagelöhner, auf den Bauernhöfen des östlicheren und flacheren Moores. Daß freilich die Umsiedelung in dieser Generation noch keinen Platz an der Sonne einbrachte, lehrt der Blick in die Totenbücher. Dort heißt es zu Peter Hinrich: „Seiner Armuth und kränklichen Umstände wegen mußte ihn die Armencasse unterhalten und beerdigen lassen", und auch Johann Conrads Beerdigung geschah auf Kosten der Armenkasse.

Noch in seiner Hadelner Zeit heiratete Peter Hinrich (1768); sein Ältester, Johann (der Jüngere), ging zwar noch mit nach Belmermoor, riß aber dort aus und „tingelte" durchs Land, machte dabei offenbar ein kleines Vermögen, erwarb dann 1792 in Wöhrden, einem der oben genannten „Heyde"-Kirchspiele, einen Gasthof und heiratete selbigen Jahres – jetzt wird die Familiengeschichte für uns relevant – die Tochter eines Schneiders aus Heide, die Jungfer Christina Magdalena Asmus. Um die Jahrhundertwende zog das Paar direkt nach Heide, um dort weiter eine Schankwirtschaft zu betreiben.

Am 26. Januar 1793 wurde den beiden nunmehr Heider Bürgern ein Peter Hinrich („der Jüngere"), am 1. Juni 1806 ein Johann Jacob geboren. Während Peter Hinrich, der auch noch den Zusatznamen „Hoeft", also „Haupt" oder „Ältester" der Familie führen durfte, die elterliche Kneipe übernahm und noch einen Kramladen hinzufügte, brach Johann Jacob mit der Tradition der Handwerker und Wirte und wurde – horribile dictu – Musiker. Klaus Groth zitiert in seinen „Erinnerungen" aus einem Brief von Johannes Brahms: „Die Geschichte, wie mein Vater Musiker wurde, ist in Wahrheit viel schöner! Aus reiner

Leidenschaft zur Musik ist er zweimal dem elterlichen Haus entlaufen zum nächsten Stadtmusikus (Meldorf?)", wohl „erst das dritte Mal wurde er mit Segen, Bettzeug und Übrigem freundlich entlassen". Er lernte das Handwerk eines Musikers, wie man ihn damals verstand und brauchte: Flöte, Horn, Violine, Bratsche, Cello und Kontrabaß. (Kleine Frage am Rande: Wo gibt es heute noch einen solchen Allround-Musikanten?) Martin-M. Langner hat (Anm. 45) das Zeugnis mitgeteilt, das der Lehrherr Theodor Müller aus Wesselburen dem jungen Johann Jacob mitgab. 1826 reichten dem 19jährigen die Chancen des „Musikbetriebes" in Dithmarschen nicht aus, er riskierte den Sprung in die große Stadt, wurde in Hamburg zunächst Unterhaltungsmusiker in Hafenkneipen, stieg dann über den Alster-Pavillon zum „Stadttheater" auf. Am 9. Juni 1830 heiratete er die 17 Jahre ältere Johanna Henrike Christiane Nissen (es lohnt sich, hier aus Karl Geiringers Brahms-Monographie das erste Kapitel, „Die Eltern", zu lesen: rührend, wie der Biograph sich das Schicksal des seine Karriere erkämpfenden jungen Mannes vorstellt und es uns schildert); am 7. Mai 1833 wurde den jungen Leuten „der" Johannes Brahms geboren.

Schon ein Heider Stadtplan von 1756 weist in einem „Lutkeheide" benannten Bereich südlich einer damaligen Längsachse („Osterstraße") ein mit einem L-förmigen Haus bebautes Grundstück aus. Es steht jedoch zu vermuten, daß die großen Stadtbrände von 1769 und 1794 alle früheren Gebäude an dieser Stelle vernichteten. Der heute dort vorhandene Bau dürfte in seinen ältesten Teilen um 1800 errichtet worden sein – wir erinnern uns: um diese Zeit zog das junge Ehepaar Johann und Christina Magdalena Brahms nach Heide. Ob sie freilich sofort in diesen „Neubau" zogen, bleibt bislang ungewiß. Fest steht freilich, daß das Haus in den Jahren 1819 bis 1887 im Besitz der Familie Brahms war – nach dem Tode von „Großvater" Johann (18. 12. 1839) übernahm, wie wir schon sahen, der „Hoeft" Peter Hinrich und von ihm dessen Sohn Johann Friedrich das „Geschäft".

Ab 1896, so besagt es die Grundbuch-Eintragung, war ein Schneidermeister Johannes Timm Eigentümer des Hauses Lüttenheid 34. Er beantragte einen Anbau, und die Behörde stellte ihre Bedingungen. Wenig später darf der „Stadtdiener" Johannes Timm „an Stelle eines Fensters eine Thüröffnung" einbauen – „Mängel sind nicht vorgefunden – Heide, den 15. Juni 1901". 1923 dann erlaubt die Baupolizei dem Schneidermeister Heinrich Bornholdt mit einigen Auflagen den Einbau von zwei Schaufenstern, 1928 die „Erneuerung der Einfriedigung".

Schon am 18. Januar 1940 stellt der Bürgermeister von Heide dem Grundstückseigentümer gegenüber fest: „Ich halte es für dringend notwendig, daß eines der geschichtlich wertvollsten Gebäude in städtischen Besitz übergehen müßte und damit im jetzigen Zustand erhalten bleibt. Darüber hinaus habe ich den Antrag auf Unterstellung des Grundstücks unter Heimat- und Denkmalschutz mit Rücksicht auf die durch den Handwerkerbetrieb möglichen baulichen Veränderungen bereits gestellt . . ." Zwar brannte das Haus am 22. Dezember 1940 in seinem Innern weitgehend aus, dennoch befürwortete „Der Landrat des Kreises Dithmarschen" am 17. Februar 1941 den Antrag auf Denkmalschutz für das „Stammhaus der Familie des Komponisten Brahms". Der Landeskonservator mußte freilich einräumen: „Wir haben in Preußen kein Denkmalschutzgesetz!" Für die Wiederaufbauarbeiten, bei denen bereits denkmalpflegerische Kriterien galten, wurde übrigens der damalige Mieter, der Tischlermeister Wilhelm Buchholz, von einer Verpflichtung für „Aufgaben von besonderer staatspolitischer Bedeutung" freigestellt. Ende der sechziger Jahre schließlich weitere Bauscheine: 1968 darf Heinrich Witt das Obergeschoß zu einer Wohnung ausbauen, 1969 Reimer Strufe eine Gasfeuerungsanlage einrichten; 1976 kommt es zu einem Streit um die Verblendung des Hauses mit „weißen Riemchen", die „eine erhebliche Herabsetzung des denkmalpflegerischen Wertes des Gebäudes darstellen". Die „Kunst-Topographie Schleswig-Holstein" vermerkt inzwischen unter bemerkenswerten Bürgerhäusern Heides ein „eingeschossiges Backsteinhaus mit Sprossenfenstern, Zwerchhaus und rückseitigem Flügelanbau. 18. Jh. Stammhaus der Familie Johannes Brahms" und listet es unter den „schutzwürdigen Kulturdenkmälern" auf.

Die 1987 gegründete „Brahms-Gesellschaft Schleswig-Hol-

stein e. V. Heide" sah als Zweck und oberstes Ziel, laut § 2 der
Satzung, „den Kauf, die Restaurierung und die Erhaltung des
Brahms-Hauses" an. Dieses Ziel konnte erreicht werden: Noch
vor Jahresende konnte das Haus gekauft werden, der 17. Juli
1990 gilt als offizielles Datum der Fertigstellung und Eröffnung.
Unter Punkt 2 vermerkt der § 2 der Gesellschaftssatzung
freilich, „das Brahms-Haus der Öffentlichkeit zugänglich zu
machen". Im Hinblick auf diese Vorgabe wurde die Restaurierung zweckorientiert, wobei freilich ein bißchen bescheidener
Realitätssinn allzu hochfliegende Pläne schnell wieder auf den
Boden der Tatsachen zurückholen mußte, umgekehrt aber auch
eine noch so notwendige Kosten-Nutzen-Rechnung nicht sofort
jede Initiative dämpfen durfte. So wägte die Gesellschaft hin und
her und entschloß sich schließlich zu folgender Planung, in der
Utopie und Wirklichkeit jeden Tag neu miteinander streiten
müssen:
1. Brahms-Museum. So viel ist jedem schnell klar: Original-
Stücke der Brahms-Familie sind nicht mehr vorhanden oder nur
schwer und dann unter hohen finanziellen Einsätzen zu beschaf-
fen. Daher ist zu hoffen, daß es gelingen werde – und die
Ausgestaltung etwa des Bach-Hauses in Eisenach gibt da ein
vertretbares Beispiel an Imagination und bescheidener Selbst-
Beschränkung –, zwei Räume des Hauses so einzurichten, daß
sie den Eindruck erwecken, so ungefähr könnte denn wohl die
Familie Brahms in Heide gelebt haben. Daß dabei auch ein paar
Musikalien und ein Instrument zeigen müssen und sollen, wie
denn ein Musiker wie Johann Jacob Brahms sich darauf ausrich-
tete, ein „Profi" zu werden, versteht sich am Rande.
2. Bibliothek. Auch hier wird das Brahms-Haus Heide nicht
mit einer der großen wissenschaftlichen Sammlungen konkur-
rieren können, wollen und sollen. Aber in einem der oberen
Räume könnte eine Bücher- und Notensammlung sich auf das
konzentrieren, was Brahms, sein Werk, seine Zeit, seine Umge-
bung, seine Welt und ihre Wirklichkeit, aber auch die geistigen
Hintergründe, die Denkkategorien und Utopien des ausgehenden 19. Jahrhunderts repräsentiert.
3. Wissenschaftlich-künstlerisches Zentrum. An, in und mit

dieser Bibliothek könnte ein junger Wissenschaftler tätig sein (beispielsweise ein Doktorand, der seine Dissertation im Umkreis der Persönlichkeit Johannes Brahms schreibt, ein Habilitand, ein Diplomand, ein zukünftiger Magister, ein Historiker also) oder ein Musiker (ein Komponist, der ein vielleicht sogar sich an Brahms orientierendes Auftragswerk schreibt; ein Interpret, der sich seine Neuorientierung erarbeitet), aber auch ein Fernsehautor, ein Schriftsteller, ein bildender Künstler, die an einem kohärenten Werk arbeiten, – jeder könnte auf seine Weise (wie an anderen Orten der Stadtschreiber) in Ruhe und Konzentration schaffen und so das Haus zu einem „Institut" machen.

4. Kulturelles Zentrum. Durch die Neuordnung der Räume ist gewährleistet, daß in einem etwa 60 Quadratmeter großen „Sälchen" kleinere Kammerkonzerte, Vorträge, Lesungen, Diskussionen oder Ausstellungen stattfinden, die sowohl zum genius loci eine Verbindung schaffen, zum anderen aber das städtische Kulturangebot erweitern. Zu diesem Zweck soll auch in dem über dem Saal gelegenen Raum eine Gelegenheit geschaffen werden, wo Interessenten das musikalische Werk von Johannes Brahms, aber auch das seiner Zeitgenossen, Anreger, Kritiker und Nachfolger hören und in den Partituren studieren können. Die Organisation, die Planung und Durchführung dieser das Brahms-Haus mit wirklichem künstlerischen, musikalischen Leben erfüllenden Aktivitäten könnte dem jungen Wissenschaftler oder Künstler obliegen, dem im übrigen im Anbauflügel eine kleine Wohnung zur Verfügung steht. Gerade diese letztgenannte Aufgabe erweitert allerdings den Interessentenkreis auch auf die Absolventen so neuer Studiengänge wie „Kulturmanagement" oder „Künstlerisch-sozialpädagogischer Dienst".

5. Integration des Brahms-Hauses in zukünftige Planungen. Hier betreten wir bereits den Boden von Utopien oder Wunschvorstellungen. Aber immerhin ist vorstellbar, das Brahms-Haus mit dem Klaus-Groth-Haus und anderen noch zu schaffenden Institutionen und Facilitäten zu einer kleinen, aber feinen städtischen Kultur-Insel zu verbinden, diese dann mit anderen Einrichtungen in Kreis und Land, wie es in unserem computerisier-

ten Deutsch zu schön heißt, zu „vernetzen" und so die schulische wie die Erwachsenen-Bildung zu unterstützen und zu erweitern. Daß dabei die musikalische Erfahrungswelt der heutigen Jugend, von Pop über Jazz bis hin zu ganz neuen Formen des Musiktheaters, nicht unberücksichtigt bleiben darf, versteht sich am Rande.

Aber ebenso am Rande muß oder sollte konzidiert sein, daß Kultur, daß Kunst, daß also auch Kunst-Musik nicht eine Frage der Nivellierung, sondern des höchsten Anspruchs ist.

Johannes Brahms hat wie kaum ein anderer Musiker seiner Zeit diesen Anspruch immer wieder erhoben, und die Brahms-Interpreten aller Generationen haben nicht daran vorbei gekonnt, daß das musikalische Oeuvre des zwar den Regen verabscheuenden, aber nichtsdestoweniger die dem Regen inhärente Stimmung, die – wie Friedrich Nietzsche es nannte – „Melancholie des Unvermögens" nur mit einem Höchstmaß an Können zu bewältigen, daß es nur mit einem Höchstmaß an Wissen adäquat zu erfassen ist.

Diesen Postulaten möchte das neue alte Brahms-Haus in aller Bescheidenheit ein ganz klein wenig entsprechen.

127

Lüttenheid 34, heutiges Heider Brahms-Haus

Eine kleine Baugeschichte zu Grundstück und Haus

Von Klaus Peter Jebens-Friccius

Heide wird namentlich erstmals 1404 nachgewiesen, und bereits 1447 tagt hier das Landgericht Dithmarschens, nicht mehr in Meldorf, sondern hier „up de Heyde", der neuen Hauptstadt. Alte Ansichten und Karten, wie Freses Ansicht von Heide (1596) im Braun-Hogenberg und Gebrüder Peters „Grundriß von der Heide" (1648) im Meier-Dankwerth'schen Werk machen die schnelle Entwicklung deutlich. – Auf erster ist Lüttenheid noch nicht erkennbar, bei der zweiten jedoch ist bereits mehr aufgezeigt, als vielleicht jemals vorhanden war, Matzens Vermutun-

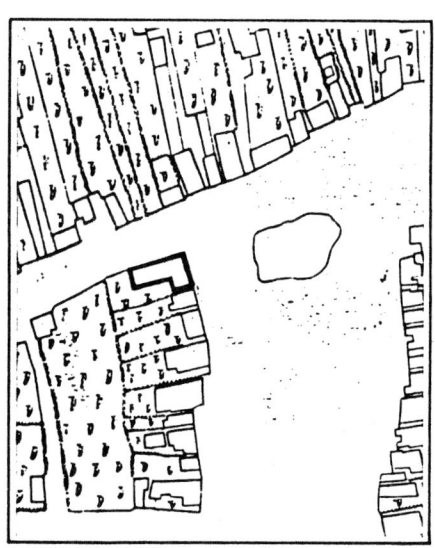

Abb. 1
Ausschnitt aus der Randahl-Karte von 1756 mit der Häuserzeile Lüttenheid 34 bis 52

129

gen von einem südlichen Heider Hafen widersprechend; und doch kann angenommen werden, daß das heutige „Lüttenheid 34-Grundstück" bereits bebaut gewesen ist. – Erst Randahl schafft 1756 ein Kartenwerk von Heide, welches für damalige Ansprüche sehr genau ist. (Siehe Teilausschnitt in Abb. 1.) Es läßt exakte Ausmaße erkennen und gibt auch die Möglichkeit, das Haus Lüttenheid 34 von vor dem Brand in eine heutige Flurkarte für vergleichende Zwecke einzutragen (Abb. 2). Der

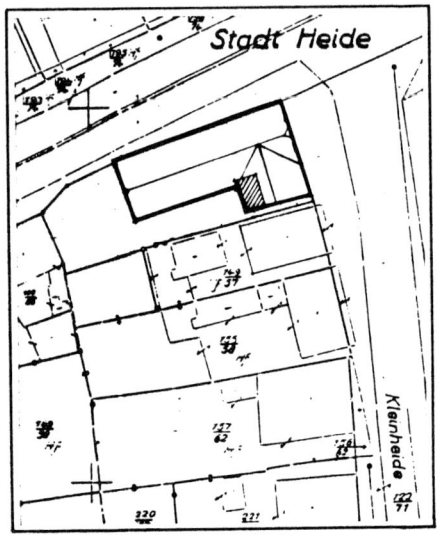

Abb. 2
Bebauung Lüttenheid 34 im Jahre 1756, übertragen aus der Randahl-Karte in eine heutige Flurkarte

schraffierte Teil macht die Lage des einstigen und heutigen Kellers deutlich; über diese Bedeutung wird später noch zu berichten sein.

Wenngleich im Jahre 1796 bei einem großen Brand im Süden Heides das Haus Lüttenheid 34 vollständig vernichtet wurde und von dieser Seite keine Daten zum Bestand mehr erreichbar sind, ist aus dem Brandkataster von 1798 noch einiges über Form und Baumaterial zu erfahren:

„Wohnhaus, ein Stockwerk von Bindungswerk (Fachwerk), theils mit Steinen, theils mit einem (Leimenfüllung) ausgefüllt, hat ein Strohdach, Schornstein, 5 Fächer."

130

Der erwähnte Brand hat nicht nur Lüttenheid 34 vernichtet, sondern die ganze Zeile von 34 bis 46. Er machte erst halt vor dem heutigen Klaus-Groth-Haus, und das Feuer wird es um so leichter gehabt haben in seiner Zerstörung, als alle Häuser dieser Zeile offensichtlich noch mit Reet gedeckt waren, Anlaß genug beim Neuaufbau, andere Materialien für das Dach zu verwenden. Hiermit schließt die erste Stufe (I.) der Baugeschichte, die zweite (II.) beginnt mit dem Neubau von 1800 und endet 1988–1990 vor der heutigen Renovierung, der Stufe III.

Die Sorgen um den Brand des alten Hauses sind vergessen, die Familie Carsten Jebens, etwa vier Jahre danach, beginnt mit den Neubauarbeiten, und ein Jahr später dürfte das neue Haus gestanden haben, anders als das erste und vor allem feuersicherer. Es ist kein Bauernhaus mehr, keine Gärtnerei mehr, sondern ein Bürgerhaus, und das alte Reetdach wird durch eines mit roten Tonpfannen ersetzt (Abb. 3).

Aber schon zwölf Jahre danach im Jahre 1812, aus welchem Grunde auch immer, verkaufte die Witwe Jebens Grund und Boden an einen Klaus Muhl, welcher seinerseits das Anwesen bereits 1819 weitergibt an Peter Brahms, den Onkel des Kompo-

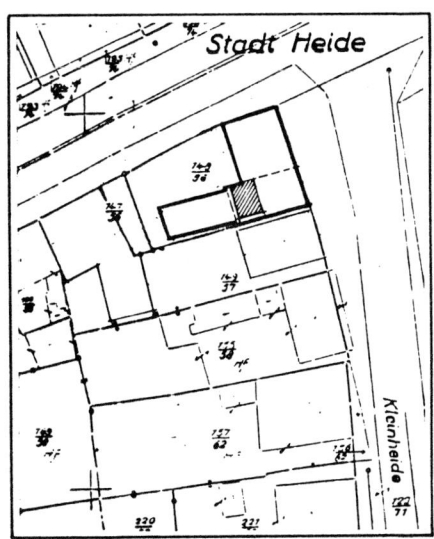

Abb. 3
Bebauung Lüttenheid 34, Zustand 1990

131

nisten Johannes Brahms. Bei ihm ist das Haus in etwas dauerhafteren Händen. Er selbst besitzt es bis 1841, gibt es dann jedoch weiter an seine Tochter Wiebke Christine Margarethe, verheiratete Schröder, die noch weitere 46 Jahre darin wohnt und erst dann zum Verkauf schreitet.

Das Haus war somit immerhin 68 Jahre im Besitz der Familie Brahms, bis es 1887 an den Schneidermeister Timm übergeht. Es folgen eine Reihe weiterer Eigentümer, die nicht benannt zu werden brauchen. 1896 stellt nun der eben benannte Johann Timm Bauantrag auf Abriß des alten baufälligen Stalles, um einen neuen zu errichten, in welchem er jedoch keine Tiere halten, wohl aber eine Schneiderwerkstatt einrichten will, wenn auch diese nach einigen Jahren in eine kleine Wohnung umgebaut werden soll. Für die Baugeschichte ist es aber wichtig zu wissen, daß immer ein Stall, seit 1800 nämlich, vorhanden gewesen zu sein scheint. Selbst für ein Bürgerhaus aus der Zeit um 1800 war ein Stall eben doch unabdingbar (Kleinvieh, Sanitäranlagen, Werkstatt, Lager).

Ein weiterer baugeschichtlicher Hinweis ist folgender: 1911 reicht Timm einen zweiten Bauantrag ein, Antrag auf Einbau einer Sanitärinstallation. Diesen Antrag begleitet ein Grundrißplan, der erste Grundrißplan des Hauses überhaupt, der der „Jetzt-Zeit" überkommen ist. In ihm sind aufgezeigt: Im Haupthaus eine Zwei-Zimmer-Wohnung mit eigenem Eingang, hierin mag Johann Brahms (Großvater des Komponisten) von 1825 bis 1839 gewohnt haben, im Nordanbau die Hauptwohnung, eine Drei-Zimmer-Wohnung mit eigenem Eingang, wahrscheinlich die des Peter Brahms sowie seiner Familie und im Stallgebäude eine Eineinhalb-Zimmer-Wohnung, ebenfalls mit eigenem Eingang. Der Dachboden wird durch eine steile Stiege erreicht und ist nicht ausgebaut.

Schölermann, ein bedeutender Heider Fotograf im Aufzeichnen alter Baudenkmäler Dithmarschens, liefert 1912 das erste Abbild (Foto) des Hauses Lüttenheid 34, eben das von 1800, der Stufe II. Man kann mit ziemlicher Sicherheit annehmen, daß das Gesicht des Hauses in dieser Form wohl schon um 1800 bestanden hat. Die erste der acht Fensterachsen der Ostansicht (v. l.) ist der Eingang zur Zwei-Zimmer-Wohnung, die dritte von rechts der Eingang zur Drei-Zimmer-Wohnung, und unter dem kleinen Giebel befand sich keine Tür, sondern ein Fenster, wie alle anderen.

Von jetzt an bis zum Jahre 1987 wechseln nicht nur ständig die Eigentümer, es wird auch innen wie außen am Haus, meist zum Nachteil für dieses, ständig geändert, Änderungen werden vorgenommen, die bis zur Unkenntlichkeit führen. Oder besser gesagt, es wurde so lange geändert, bis kein einziges Detail aus der Zeit um 1800 mehr vorhanden war.

Bei Planungsbeginn für die Renovierungsarbeiten trafen sich vor Ort Vertreter der Baubehörde, des Landesamtes für Denkmalpflege und der Architekt. Das erste Wort aus dem Mund des Vertreters des Denkmalpflegeamtes lautete: „Ich weiß nicht, was ich hier eigentlich soll, dieses Haus steht nicht unter Denkmalschutz, und an diesem Haus besteht für uns kein noch so kleines Teilchen, welches wir als erhaltenswert erachten können."

Er hatte recht. Doch das Schölermann'sche Foto war erhalten geblieben. Es wurde neben anderem zum Anlaß genommen, mit den noch vorhandenen Materialien das äußere Bild des Hauses Lüttenheid 34, soweit es zum neuen Inhalt paßte, wiederherzustellen. Noch folgende Daten zur Baugeschichte: 1940 brannte der Nordanbau völlig aus, angeblich durch Brandbomben veranlaßt. Ein Wiederaufbau erfolgte 1941.

Zwischenzeitlich wurde das ganze Haus mit kleinsprossigen Fenstern versehen, ein Zustand, den dieses Haus in seiner ganzen Geschichte niemals gesehen haben dürfte, und 1967 holte der Bauherr Witt zum letzten Schlag in der Zerstörung aus. Er stellte Antrag auf Ausbau des Dachgeschosses, welches bis dahin immer Lagerplatz gewesen war. Es verschwand der alte so typische Frontispiz, die alten Fenster waren schon zerstört, die alten roten Pfannen wurden durch solche aus Zement ersetzt, und an den Giebeln klebten plötzlich Asbest-Zementschindeln, selbst die alten Haustüren, sicher nicht mehr die ersten, wurden durch solche aus afrikanischem Hartholz mit Butzenscheiben ersetzt. Der „Jetzt-Zustand" war baudenkmalpflegerisch nicht relevant. 1987 kauft die Brahms-Gesellschaft das Anwesen mit der Absicht, zum Gedenken der Familie Brahms dieses Haus als kulturelle Arbeitsstätte auszubauen. 1988 wird einem Hamburger Architekten Auftrag erteilt über die Renovierung, den Umbau und die Restaurierung; am 17. 7. 1990 wird das Haus seiner Bestimmung übergeben.

Zusammenfassend ist zu sagen: Alle Bauherren nach Jebens, Muhl und Brahms, das heißt die Timm, Bornholdt und Witt haben es nicht geschafft, das Haus vollkommen verschwinden zu lassen. Alles, was schließlich übernehmenswert war, nach Absprache mit Statikern und Behörden, ist bei der Restaurierung wieder verwandt worden. Zur Hauptsache gilt dies für das Außenmauerwerk. Der alte Ziegel (190 × 90 × 45), soweit er noch verwendbar war, wurde wieder eingebracht, heute jedoch als Vormauerstein und nicht, wie gehabt, in einem 29 cm Vollmauerwerk.

Ein wichtiger und letzter Bereich des Erhaltenswerten (Abb. 4) ist der gewölbte Keller. Ziemlich sicher ist, der Keller stammt nicht erst von 1800, dem Datum des Wiederaufbaus, sondern aus einer Zeit um 1700, ein Datum, welches sehr weit gesehen werden sollte, ebenso könnte es schon zur Dankwerth-Karten-

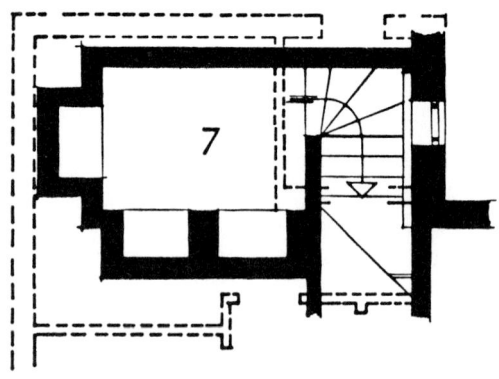

Abb. 4
Kellergeschoßgrundriß mit Eintrag des darüber gelegenen Geschosses von heute

134

Zeit (1648) gestanden haben oder aber auch erst kurz vor 1796 gebaut worden sein. Es liegen keine genaueren Daten vor.

Hierfür gibt es zwei Gründe:

1. Die Kellerwände und das Gewölbe sind in Lehmmörtel versetzt und nicht im gleichen Material, welches zum Wiederaufbau von 1800 verwandt wurde (Kalkmörtel).

2. Die Außenwände des neuen Haupthauses (1½ Stein = 29 cm) von 1800 wurden nicht auf das Kellermauerwerk aufgesetzt, was üblich gewesen wäre, sondern behutsam in einem Abstand von ca. 10–20 cm um es herum, wie die Abbildung 4 zeigt.

Die Grundrißaufteilung nach allen Änderungen, kurz vor der Renovierung von 1989 wie in den Abbildungen 5 und 6 ersicht-

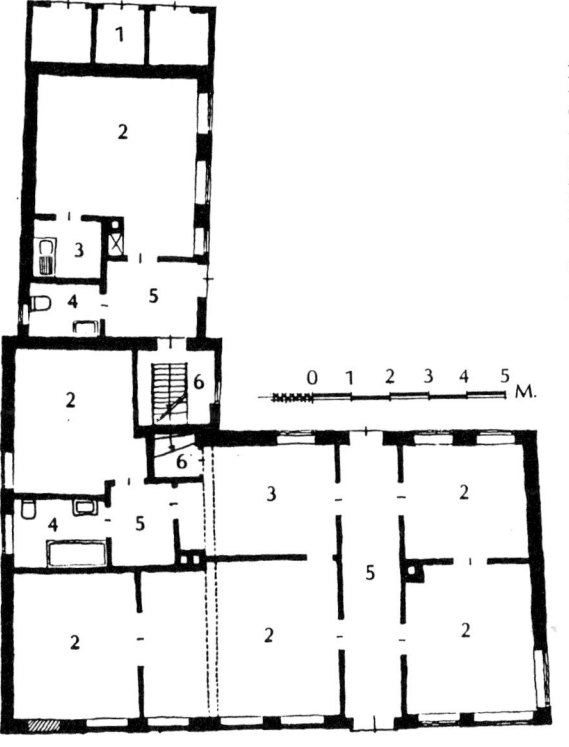

Abb. 5
Erdgeschoßgrundriß des um 1900 gebauten Hauses im Zustand kurz vor seiner jetzigen Renovierung

zu Abb. 4, 5, 6, 7, 8

Raumnutzungen:

1 Abstellraum
2 Zimmer
3 Küche
4 Bad
5 Treppenhaus
6
7 Keller
8 Installationen
9 Spüle
  Garderobe
10 Saal
11 Luftraum
12 Bibliothek
13 Leseraum
14 Tonlabor
   Studio

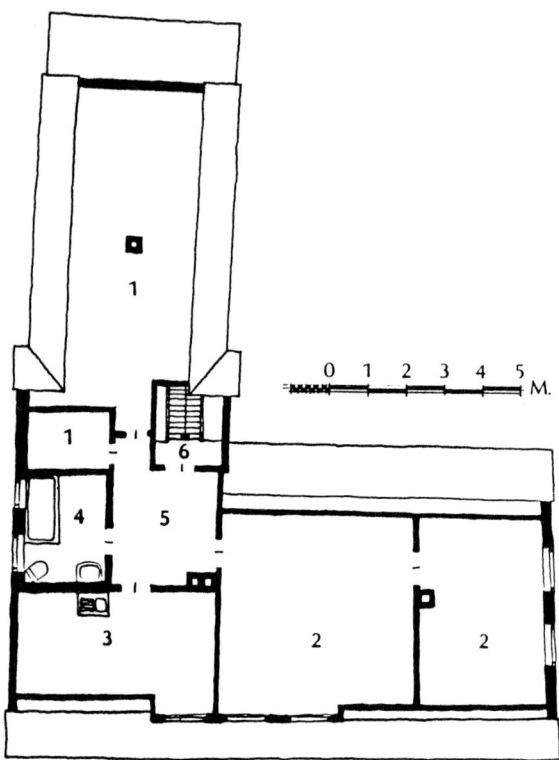

Abb. 6
Dachgeschoßgrundriß des um 1800 gebauten Hauses im Zustand kurz vor seiner jetzigen Renovierung

lich, in der man noch schwach die alte Nutzung zur Brahms-Zeit erkennen mag, soll die notwendigen Schritte klarmachen, welche die Planung unternahm.

Stufe III wird ins Werk gesetzt: Ein Programm im Sinne der zukünftigen Aufgabenstellung erarbeitet die Brahms-Gesellschaft. Entgegen der alten Nutzung stehen jetzt andere wichtige Aufgaben im Vordergrund. Allem voran benötigt man einen möglichst großen Saal und einige Räume im Erdgeschoß, die mit Gerät und Bildern einen Eindruck der damaligen Lebensart wiedergeben. Im Obergeschoß sollten dienlich eine Bibliothek mit „Lesezimmer" und ein Arbeitsstudio (Tonlabor) ihren Platz finden. Im alten Stallgebäude, endlich, welchem so viele verschiedene Nutzungen widerfahren sind, wird eine „Stadtschreiber-Wohnung" eingerichtet, und hierunter sollte man verstehen die

Wohnung für einen Stipendiaten, der nach seinem Studium noch wissenschaftlich oder künstlerisch an einem Brahms-Thema arbeiten möchte.

Der Keller bleibt, ältester Teil des Hauses, erhalten und wird wieder als Vorratsraum wie eh und je genutzt werden. Nur sein Zugang erfährt eine kleine Änderung und entspricht den neuen Forderungen.

Die Schritte der Planung gehen von einigen wenigen, aber wichtigen Festpunkten aus:

1. der Kellerniedergang (Treppenfestpunkt)
2. die Erhaltung des Außenumrisses
3. die Forderung: Haupteingang von Osten.

Die bevorzugte Seite des Hauses war immer die Ostseite. Weiß doch Klaus Groth zu berichten, auf seinem Wege zur Schule oft den alten Brahms (Großvater des Komponisten), vor dem Haus sitzend und seine Pfeife rauchend, gesehen zu haben.

Der kürzeste Weg vom Osteingang auf den Treppenfestpunkt zu, legt den neuen Flur fest und damit den gesamten Grundriß von Haupthaus und Nordanbau (Abb. 7 und 8). Im ersten befinden sich die beiden „historischen Zimmer" mit der kleinen „Küche", etwa so wie das damalige Altenteil ausgesehen haben mag, und im zweiten, wo sich früher die Hauptwohnung befand, werden alle Innenwände ausgeräumt, um dem Saal Platz zu schaffen. Das Obergeschoß entwickelt sich hieraus zwangsläufig. Über den historischen Räumen befindet sich die Bibliothek, über dem Flur das Lesezimmer und über dem Saal das Tonlabor (Studio). Daß sich über dem sich so zwangsläufig ergebenden Eingang früher der damalige Frontispiz befand, scheint reiner Zufall – oder etwa doch nicht? Ein anderer erster Grundriß wird kaum mehr beweisbar sein.

Das ehemalige Stallgebäude, vollkommen in sich abgeschlossen, enthält, wie bereits gesagt, die Stadtschreiber-Wohnung und besteht aus einem kleinen Eingangsflur, dem Bad, einer in einem Schrank eingebauten Küche, dem eigentlichen Wohnraum und dem hochgelegenen Schlafteil über dem darunter liegenden, mit Extraeingang versehenen technischen Raum.

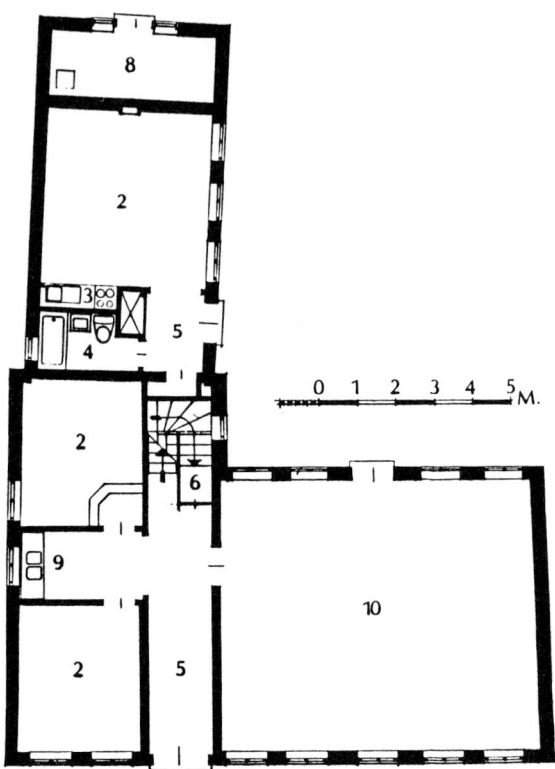

Abb. 7
Erdgeschoßgrundriß
Zustand 1990

Wenngleich bei der Innenraum-Gestalt und bei der Grundriß-
Aufteilung entsprechend den neuen Erfordernissen nicht in
allem Rücksicht genommen wurde auf die Form, wie sie früher
einmal gewesen sein könnte, um so mehr ist dies geschehen bei
der Außengestalt. Auf dem Wege von außen nach innen begin-
nen wir mit dem Grundstück selbst. Die Frage liegt nahe:
Warum kein Garten? Spätestens nach Jebens, dem Gärtner, wird
es keinen Garten mehr gegeben haben, sondern einen Hofplatz,
der als solcher immer genutzt worden ist, waren doch die
Brahms nach dem Brandkataster (1798) Lumpensammler und
wurden bei der Volkszählung als Lumpenhändler ausgewiesen.
Der Hof wird abgeschlossen durch ein Eisengitter in der Form,
wie es einmal gewesen sein könnte (1850), und so, wie es auf

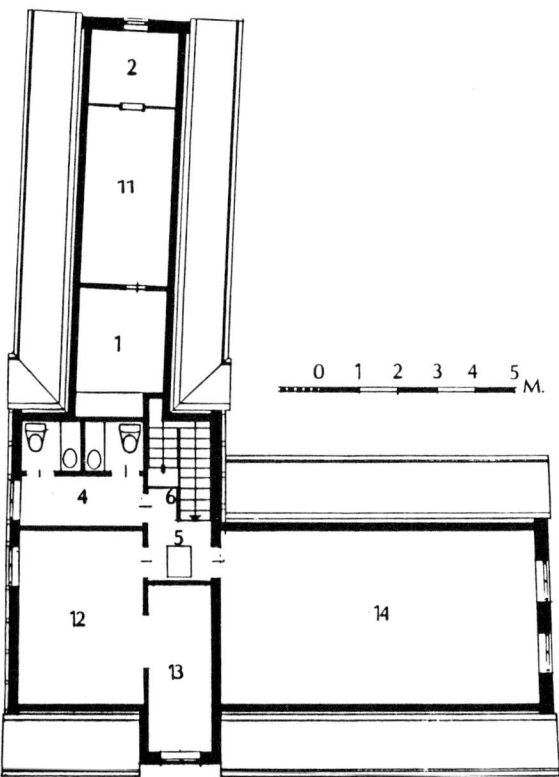

Abb. 8
Dachgeschoßgrund-
riß Zustand 1990

dem Nachbargrundstück nach Süden hin als Muster gefunden wurde. Die Bepflanzung: Rotdorn-Bäume und Stockrosen im Hof und Stammrosen auf der Ostseite des Hauses sind bewußt als typisch für den Norden ausgesucht worden.

Ein weit wichtigerer Punkt ist jetzt die Außengestalt. Nicht nur, daß rote tönerne Dachziegel vom Denkmalsamt vorgeschrieben wurden, sie waren auch von der planenden Seite vorgesehen. Noch schöner wäre es allerdings gewesen, man hätte geschenkte alte Pfannen dieser Art verwenden können, doch die ausführende Firma wollte die Verantwortung dafür nicht übernehmen. Die senkrechte Außenhaut besteht heute wie damals aus den Steinen, die aus dem stückweisen Abbruch des alten Mauerwerks geborgen werden konnten. Nur zum Teil

139

waren sie verwendbar, weil Feuchtigkeit und Frost viele zerstörte. Das machte auch die Auflage des Statikers notwendig, einen neuen und der heutigen Zeit entsprechenden Mauerwerksaufbau zu wählen (Abb. 9 und 10).

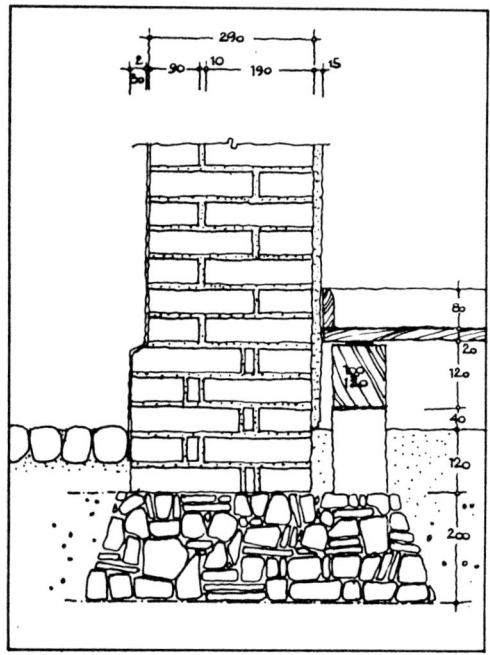

Abb. 9
Mauerwerksaufbau vor der Renovierung

Die weiße Außenfarbe nun, Punkt vieler Meinungsverschiedenheiten, hat ihren triftigen technischen und keinen gestalterischen Grund. 1800, nach dem großen Brand von 1796, wurde die Zeile Lüttenheid 34 bis 46 mit, so ist sicher anzunehmen, alten, saubergeputzten Ziegeln wiederaufgebaut. Um dem fertigen „scheckigen" Mauerwerk, nostalgische Ansichten gab es damals nicht, wieder Aussehen zu geben, wurde es gekalkt. Eine Tatsache übrigens, die oftmals vorkam und meist falsch gedeutet wird. Weiße Schlämme wurde fast immer dann verwandt, wenn das Mauerwerk nicht mehr intakt war. So ist es auch heute beim Haus Lüttenheid 34 und letztlich gilt, was auf dem Foto von 1912 überliefert wurde.

140

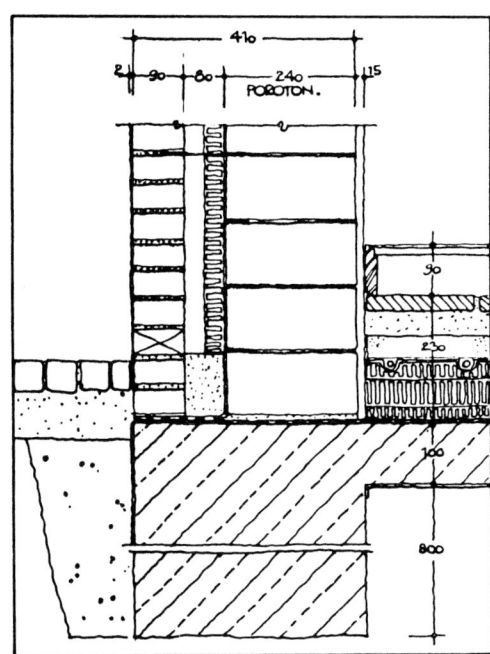

Abb. 10
Mauerwerksaufbau   nach
der Renovierung

An den Fensterachsen im allgemeinen und besonders bei
denen auf der Ostseite, acht an der Zahl, wurde nichts verändert,
allerdings wurden zwei Türen geschlossen und eine geöffnet,
letztere unter dem schon beschriebenen Frontispiz. Die Haustür
übrigens ist ein Geschenk des Heider Heimatmuseums. Ihre
Entstehungszeit dürfte vor 1800 liegen. Selbst wenn auf dem
Lande oft alte Muster in neuere Zeit getragen wurden, so dürfte
die Jahreszahl 1750 eher stimmen. Sie stammt vom Heider Haus
Rosenstraße 1, ganz aus der Nähe, wo Großvater Johann Brahms
sein erster Haus besaß.

Die Fenster jetzt, im Detail, gemeint ist das äußere der beiden,
entsprechen denen des Hauses Lüttenheid 50, und ihre Farbe
wurde vom Denkmalsamt vorgeschlagen nach der Maßgabe, wie
es allgemeiner Dithmarscher Brauch war. Die Sprossenteilung
entspricht genau dem Stand um 1800. Große Glasfelder beim
Haupthaus und kleinteilige Sprossen beim Stallanbau, die Aufteilung war damals eine pekuniäre Frage, nicht eine der Ästhe-

141

tik, und im übrigen ist Beispiel hierfür auch wieder Haus Lüttenheid 50.

Bleiben zu erwähnen die beiden Holzgiebel, waren sie doch
noch im guten Zustand (Asbestzement-Schindeln), aber zum
Bild des Hauses paßten sie nicht. Man entschloß sich, Holzboh-
len zu verwenden, so wie sie beim Klaus-Groth-Haus bestehen
oder wie sie auf dem alten Foto von Schölermann erkennbar
sind. Dunkel gebeizt passen sie gut zu den anderen Farben.

Beim Innenausbau sind die verwendeten Materialien anzu-
sprechen. Wände und Decken sind geputzt oder bestehen aus
Gipskarton, und alle Böden des Erdgeschosses wurden mit alten
20×20 cm großen Ziegelplatten belegt, so wie viele Böden in
dieser Gegend früher gestaltet waren.

Im Obergeschoß dagegen und auf der Treppe wurde ein einfa-
cher Holzdielen-Fußboden gewählt, der mit einer leichten hell-
grauen Lasur bearbeitet wurde; das ist eine Behandlung, wie sie
früher bei leicht lädierten Böden nach einer gewissen Nutzungs-
zeit üblich war.

Für die Farbgestaltung konnte auf Tatbestände zurückgegrif-
fen werden. Genaue Wand- und Dachbalken-Farbuntersuchun-
gen durch Abtragen der einzelnen Farbschichten geben exakt
diejenigen Farben an, die auch zur Anwendung gelangt sind: In
den historischen Räumen (Altenteil) ist es „leuchtender Ocker",
im Saal (große Wohnung) „Englisch Rot" und im Flur sowie
allen weiteren Räumen die Farbe „Friesenblau".

Auch bei den weiteren Details wurde Maß genommen an
alten Beispielen. Muster für alle Innentüren im gesamten Haus
ist ein Türblatt, welches ebenfalls vom Heider Heimatmuseum
zur Verfügung gestellt wurde. Die Tür-Bekleidungen allerdings
stammen aus dem Altonaer Museum und dürften um das Jahr
1700 herum gehobelt worden sein, die Fußleitern mit dem
Abschluß: „Platte – Viertelrundstab – Platte" werden seit Jahr-
hunderten so von Tischlern verwandt. Ebenso die Treppe mit
dem Kellerniedergang und den Docken dürfte sehr wohl auch
vor zweihundert Jahren so ausgesehen haben.

An dieser Stelle von Möbeln zu reden, wäre zu früh und
vorgegriffen, hätte die Brahms-Gesellschaft nicht von einer Hei-

der Bürgerin einen kompletten Salon (1880) geschenkt bekommen. Ein ausgewähltes Gremium befaßt sich gegenwärtig damit, diese an sich hervorragenden Möbel sinngemäß einzusetzen. Zum Teil sind sie eben doch einfach zu groß für den Maßstab dieses eher kleinen Bürgerhauses.

Die Beleuchtungskörper, dem Zweck dienlich, sind so einfach und zurückhaltend wie möglich ausgewählt, und bei der Gardinenform, die in Zusammenarbeit mit dem Heider Heimatmuseum erarbeitet wurde, verhält es sich ähnlich.

Abschließend muß noch Erläuterung finden, inwieweit die Statik Einfluß gewonnen hat bei Entscheidungen, die denkmalpflegerischen Ansichten sicher oft zuwiderliefen. Wie aus der Abbildung 9 deutlich wird, stand das gesamte Haus auf zusammengekehrtem Schutt, ohne Ausnahme irgendeines noch so kleinen Flecks. Den Versuch, Teile der alten Wände und ihren Aufbau zu erhalten, verwehrten die Statiker; ersetzt wurden die 29 cm (1 ½ Stein) starken Wände durch eine Außenwand bestehend aus Verblender, Luftschicht, Wärmeisolierung und einer 24 cm starken Poroton-Wand, alles zusammengefaßt durch den oberen Ringbalken. Hierdurch wurde nicht nur eine bessere und ordentliche Standfestigkeit erreicht, sondern eine sogar für heutige Verhältnisse hervorragende Wärmeisolierung.

Beim Dachstuhl war es nicht anders. Den statisch völlig unvollkommenen Dachstuhl mit Balken und Sparrenabständen von etwa 1,80 m konnte die Statik nicht zulassen. Sie verlangte einen akzeptableren Aufbau, zumal das Haus in Zukunft auch öffentlichem Gebrauch zugewandt ist und ein Großteil der Konstruktionen schon nicht mehr „original" war (Bomben von 1940). Es fügte sich günstig ins Gesamtkonzept, da für den großen Saal ohnehin eine besondere Tragkonstruktion gefunden werden mußte. Erstens waren die vorhandenen Balken durch den Brand von 1940 sehr geschwächt worden, und zweitens reichte die alte Holzdimensionierung bei den heutigen Anforderungen nicht aus.

Zu einer Baugeschichte des Hauses Lüttenheid 34 gehört letzten Endes auch die Frage: „War das Haus nun erhaltenwert oder nicht?" Das Haus selbst in den noch vorhandenen Materia-

lien und Details wohl kaum, wohl aber das Haus der Familie
Brahms und das Haus als Teil Alt-Heides, welches in Zukunft
wichtige kulturelle Aufgaben erfüllen will.

Nur die hervorragende Zusammenarbeit zwischen der aktiven
Brahms-Gesellschaft, den Behörden und vor allem den Sponso-
ren konnte in so kurzer Zeit Planung, Finanzierung und Fertigstellung bewerkstelligen.

144